Inga Piel

Dilemmageschichten
mit Arbeitsanregungen für Jugendliche

Verlag an der Ruhr

Impressum

Titel
Wie soll ich mich entscheiden?
Dilemmageschichten mit Arbeitsanregungen für Jugendliche

Autorin
Inga Piel

Titelbildmotiv
Irrgarten – © Dawn – Fotolia.com

Illustrationen
Magnus Siemens u.a.

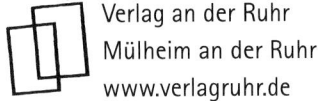

Verlag an der Ruhr
Mülheim an der Ruhr
www.verlagruhr.de

Geeignet für die Altersstufe 10–16

Unser Beitrag zum Umweltschutz
Wir sind seit 2008 ein ÖKOPROFIT®-Betrieb und setzen uns damit aktiv für den Umweltschutz ein. Das ÖKOPROFIT®-Projekt unterstützt Betriebe dabei, die Umwelt durch nachhaltiges Wirtschaften zu entlasten.
Unsere Produkte sind grundsätzlich auf chlorfrei gebleichtes und nach Umweltschutzstandards zertifiziertes Papier gedruckt.

Ihr Beitrag zum Schutz des Urhebers
Das Werk und seine Teile sind urheberrechtlich geschützt. Jede Verwendung in anderen als den gesetzlich zugelassenen Fällen bedarf der vorherigen schriftlichen Einwilligung des Verlages. Im Werk vorhandene Kopiervorlagen dürfen vervielfältigt werden, allerdings nur für jeden Schüler der eigenen Klasse/des eigenen Kurses. Die Weitergabe von Kopiervorlagen oder Kopien an Kollegen, Eltern oder Schüler anderer Klassen/Kurse ist nicht gestattet.
Bitte beachten Sie die Informationen unter schulbuchkopie.de.
Der Verlag untersagt ausdrücklich das digitale Speichern und Zurverfügungstellen dieses Buches oder einzelner Teile davon im Intranet (das gilt auch für Intranets von Schulen und Kindertagesstätten), per E-Mail, Internet oder sonstigen elektronischen Medien. Kein Verleih. Zuwiderhandlungen werden zivil- und strafrechtlich verfolgt.

© Verlag an der Ruhr 2010
ISBN 978-3-8346-0511-5

Printed in Germany

Inhalt

5 | Vorwort

Dilemma = wenn man nicht weiß, ob es eins ist.

7 | **Was ist ein Dilemma?**
8 | Dilemma
9 | Zwickmühlen
10 | Ninas Ferienplanung
11 | Dilemma oder nicht?
12 | Berts gespaltene Zunge
13 | Falsches Dilemma
14 | Prometheus
15 | Gehen oder bleiben? – Ein Soap-Dilemma
16 | Lauter Entscheidungen
17 | Regeln für die Entscheidung

Das Dilemma dieser Welt ist, dass ...

19 | **Alltagsdilemmata**
20 | Raucherecke
21 | Erste Hilfe
22 | Drei gegen einen
23 | Kakaobohne
24 | Kameradenschwein
25 | Die Letzten werden die Ersten sein
26 | Gesunde Schokobrötchen?!
27 | Bettinas lästige Familie
28 | Merkt doch keiner
29 | Gut gemeint
30 | Gedankenlosigkeit
31 | Ich bin leider Vegetarier ...
32 | Gestern im Kaufhaus
33 | David Ballinger
34 | Nur eine kleine Affäre ...
35 | Kaufrausch
36 | Peinlich
37 | Gemischter Sportunterricht
38 | Tim und Ruby
39 | Schwul oder was?

Das Dilemma des Menschen besteht darin ...

41 | **Ethische Dilemmata**
42 | Jein
43 | Dolly und andere Klone
44 | „Blueprint"

Inhalt

45/46	|	Rettungsgeschwister
47/48	|	Zustimmung zu einer Organentnahme
49/50	|	Organspende – Schattenkind
51/52	|	Krieg gegen den Terror
53/54	|	Machtmissbrauch
55	|	Darf Hannah sterben?
56/57	|	Ein Rettungsdilemma
58/59	|	Das Klimadilemma
60/61	|	Kohle oder Atomkraft?
62	|	Aktive und passive Sterbehilfe
63/64	|	Patientenverfügung
65	|	Notwehr?
66	|	Flüchtlinge
67/68	|	Illegale in der Klasse
69	|	Do as the Romans do?
70	|	Flugzeugabsturz
71	|	Olympische Spiele in China
72/73	|	Urlaub in Birma
74	|	Wahlversprechen
75/76	|	Entwicklung auf Kosten der Umwelt
77	|	Videoüberwachung auf dem Schulhof
78	|	Demonstrationsverbot für die NPD?
79	|	Die einsame Insel
80	|	Kindesentführung
81/82	|	Gibt es einen gerechten Krieg?
83/84	|	Stauffenberg

Dilemma: selten glücklicher Ausnahmezustand ...

Klassische Dilemmata

85	|	
86	|	Überzeugung vs. Macht
87	|	Das Milgram-Experiment
88/89	|	Schiffbruch
90	|	Abraham
91	|	Ödipus
92/93	|	Romeo und Julia
94	|	Das Gefangenendilemma
95	|	Theodizee
96	|	Links und Literaturtipps

Vorwort

Dieser Satz ist wohl die bekannteste Umschreibung für Dilemmata, die dir täglich in der Schule, beim Blick in die Zeitung oder im Internet begegnen; häufig ohne dass du dir dessen bewusst bist. Hast du schon einmal darüber nachgedacht, was ein Dilemma genau ist und warum es so schwer ist, in einer Dilemmasituation eine Entscheidung zu treffen?

Definition von Dilemmata

Eine solche Situation zeichnet sich dadurch aus, dass der Handelnde* sich in einer „Zwickmühle" befindet. Dir stehen bei einer Entscheidung zwei Handlungsmöglichkeiten zur Verfügung, die beide moralisch richtig wären, die sich jedoch gegenseitig ausschließen. Indem du eine Wahl triffst, musst du einen moralischen Grundsatz verletzen. Indem du also das ethisch Richtige tust, musst du gleichzeitig auch gegen das Richtige verstoßen. Manchmal kommt es auch vor, dass du die Wahl zwischen zwei positiven Alternativen hast, die sich jedoch auch gegenseitig ausschließen.

Ein Dilemma enthält also einen Widerspruch, mit dem man sich in der Regel nicht abfinden will. Um überhaupt eine Entscheidung treffen zu können, musst du versuchen, eine Abwägung für die eine oder andere Seite zu treffen: Du wirst Gründe für beide Seiten suchen, diese bewerten und versuchen, einer der beiden Möglichkeiten Werte zu unterlegen, die eindeutig höher gewichtet werden als die anderen. Diese Überlegungen sollten dann zu einer Entscheidung führen.

Philosophieren mit Dilemmata

Durch den Zwang, sich in Dilemmasituationen mit ethischen Grundsätzen und Werten auseinandersetzen zu müssen, gelangt derjenige, der mit einer Dilemmasituation konfrontiert wird, automatisch in eine philosophische Diskussion. Sobald du dich auf den Fall einlässt und dich mit dem Handelnden identifizieren kannst, wirst du genötigt, zu philosophieren und dir ethische Fragen zu stellen. Nur auf dieser Basis gelangst du zu einer Entscheidung.

Vorwort

Beim Umgang mit Dilemmasituationen kannst du aber nicht nur lernen, welche Grundsätze es gibt und welche dir am wichtigsten sind; Werte und Normen werden hinterfragt und nicht mehr als selbstverständlich hingenommen, sie werden auf ihre Tragfähigkeit im Alltag hin überprüft und aus einer Metaperspektive reflektiert. Insofern fördert die Arbeit mit den Dilemmageschichten nicht nur deine Reflexionsfähigkeit, sondern auch deine moralische Urteilsfähigkeit.

Wer regelmäßig über Dilemmasituationen nachdenkt, wird in schwierigen Situationen einfacher eine begründete Entscheidung fällen können. Insofern wird dir die Arbeit mit dem Buch auch im Alltag in vielen Situationen hilfreich sein.

Zum Umgang mit diesem Arbeitsbuch

Die Geschichten im ersten Kapitel des Buches zeigen, wie man in (Dilemma-)Situationen zu Entscheidungen kommen kann; die Aufgaben legen besonderen Wert darauf, die fünf Schritte zur Bewertung von Situationen und zum Treffen von Entscheidungen zu erarbeiten und einzuüben:

- Konfrontation mit dem Dilemma
- Erste spontane Entscheidung
- Sammlung von Begründungen für beide Seiten
- Überprüfung der Gründe
- Fällen einer gemeinsamen Entscheidung

Die Geschichten eignen sich für den Einsatz im Unterricht einerseits als Einstieg in ein neues Thema im Bereich Ethik (indem man eine Geschichte aus dem Alltag als Zugang zur Einführung in eine Problemstellung benutzt), anderseits können sie zur Bewertung von ethischen Positionen genutzt werden, indem man besprochene Theorien auf ein bestehendes Dilemma anwendet und deren Handlungsanweisungen mit Hilfe des Dilemmas überprüft.

Innerhalb einer Reihe können sie als Anlass zu philosophischen Diskussionen genutzt werden, wenn die Arbeit mit philosophischen Texten durch kreative Methoden aufgelockert werden soll.

Bei den Geschichten im zweiten Kapitel dieses Arbeitsbuches handelt es sich um einfache Dilemmata, wie sie im Alltag Jugendlicher vorkommen könnten. Sie wecken das Interesse an philosophischen Fragen; der Schwerpunkt der Aufgaben liegt darin, die Situation durch kreative Aufgabenformen besser zu durchdringen und zu verstehen, sodass eine Entscheidungsfindung erleichtert wird. Die Geschichten sind deshalb für alle Altersstufen geeignet.

Die Geschichten im dritten Teil beziehen sich eher auf komplexe ethische Themen, die z.B. in den Medien eine Rolle spielen. Diese Geschichten eignen sich deshalb eher für ältere Jugendliche, die mit komplexen Fragestellungen bereits umgehen können. Bei diesen Situationen werden häufig Rechercheaufgaben gestellt, damit die Themen, über die reine Diskussion hinaus, auch inhaltlich vertieft werden können.

Die Geschichten im vierten Teil des Buches sind Probleme, die aus der klassischen Philosophiegeschichte bekannt sind. Um sie Jugendlichen näherzubringen, sind sie jedoch in verständlichere Situationen umgewandelt worden.

Noch ein kleiner Hinweis zum Schluss

Die Geschichten solltet ihr in keinem Fall alle hintereinander diskutieren, dann verliert ihr schnell die Lust daran, mit Hilfe von Dilemmata zu philosophieren. Nehmt euch einfach immer mal wieder eine Geschichte vor, die gerade in den Zusammenhang passt. Dann werdet ihr feststellen, wie ihr im Laufe der Zeit in Diskussionen immer besser bestehen könnt, in schwierigen Situationen einfacher Entscheidungen fällt und mit ethischen Problemen insgesamt besser zurechtkommt.

Viel Spaß beim Philosophieren!

---

* Aus Gründen der besseren Lesbarkeit haben wir in diesem Buch durchgehend die männliche Form verwendet. Natürlich sind damit auch immer Frauen und Mädchen gemeint, also Lehrerinnen, Schülerinnen etc.

Wie soll ich mich entscheiden?
Dilemmageschichten mit Arbeitsanregungen für Jugendliche

Dilemma = Wenn man nicht weiß, ob es eins ist. *

* Wolfram Weidner (geb. 1925), deutscher Journalist

Was ist ein Dilemma?

Dilemma

Was ist ein Dilemma?

Im Alltag trifft man häufig auf den Begriff „Dilemma", z.B. in den Schlagzeilen von Zeitungen und Zeitschriften.

Podolski: Bayern oder Köln? Die Wahl zwischen Pest und Cholera

Grünes Dilemma in Hamburg: Senatorin der Grünen muss neues Kohle-Kraftwerk genehmigen

Dilemma der US-Armee: Irak könnte nach Abzug El-Kaida-Festung werden

Das Nutzer-Investor-Dilemma im deutschen Mietwohnungsbau: Investitionen lohnen sich für den Vermieter nicht

Olympische Spiele in China 2008: Das Dilemma des IOC

Steinbrücks Dilemma: Neue Schulden machen oder Konjunkturhilfen ablehnen?

Das Energie-Dilemma: Kohle oder Uran?

Das Putzfrauen-Dilemma: Lohnt es sich für eine Frau, nach der Geburt ihres Kindes wieder arbeiten zu gehen, wenn sie für das Geld gerade eine Tagesmutter bezahlen kann?

Bildungsminister finden keine Lösung für das Oberstufen-Dilemma: Homogene Leistungsgruppen machen starke Schüler stärker und schwache Schüler schwächer

BIODIESEL ALS ÖKO-DILEMMA: KLIMAFREUNDLICH, ABER UMWELTSCHÄDLICH

Schwacher Trainer – ungeliebter Manager – aufmüpfige Mannschaft: Schalkes Verantwortliche im Dilemma

Run auf Privatschulen hält an: Eltern stecken im Bildungs-Dilemma

---

➤ Beschreibe, was in diesen Schlagzeilen als „Dilemma" beschrieben wird.

➤ Sammelt in Gruppen weitere Beispiele aus Zeitung, Internet, Fernsehen usw., und versucht, zu erklären, was ein Dilemma ist.

➤ Schreibt eigene Schlagzeilen, in denen der Begriff vorkommt.

Zwickmühlen

Was ist ein Dilemma?

>> *Dilemmata werden oft als „Zwickmühlen" bezeichnet. Doch was ist eine Zwickmühle überhaupt?*

Mühle heißt ein Spiel für zwei Personen. Es wird auf einem Spielbrett gespielt, das drei ineinanderliegende Quadrate zeigt, die durch senkrecht kreuzende Linien in den Seitenmitten verbunden werden. Jeder Spieler erhält neun Steine in verschiedenen Farben. Ziel des Spiels ist es, drei eigene Steine in eine Reihe zu bekommen, das ist die so genannte „Mühle".
Hat ein Spieler dies geschafft, darf er von dem anderen einen Spielstein entfernen, es darf jedoch keiner aus einer geschlossenen Mühle sein. Hat einer der beiden Spieler nur noch zwei Steine übrig und kann also keine Mühle mehr stellen, hat er das Spiel verloren.

Diese Konstellation bezeichnet man als „Zwickmühle": Der Spieler mit den weißen Steinen kann in jedem Zug eine Mühle schließen und dem anderen einen Stein abnehmen. Dieser hat keine Möglichkeit, etwas dagegen zu unternehmen.
Foto: © RRF – Fotolia.com

Das Spiel beinhaltet drei Abschnitte:

➤ **Steine setzen:** Die Spieler setzen abwechselnd je einen Stein, insgesamt je neun, auf Kreuzungs- oder Eckpunkte der Linien auf dem Spielbrett.

➤ **Steine ziehen:** Abwechselnd müssen die Spieler einen Spielstein einen Schritt weiterbewegen, bis zur nächsten freien Kreuzung oder Ecke. Dabei dürfen keine Steine übersprungen werden, wenn alle möglichen Felder besetzt sind, muss der andere Spieler ein zweites Mal ziehen.

➤ **Mit Steinen springen:** Wenn einer der Spieler nur noch drei Steine übrig hat, darf er „springen", d.h., er darf seinen Spielstein auf einen beliebigen freien Punkt setzen.

➤ Probiert das Spiel in der Klasse aus. Bringt dazu Spiele von zu Hause mit, oder zeichnet die Linien auf Fotokarton, und schneidet Spielsteine aus farbiger Pappe aus.

➤ Hat jemand von euch es geschafft, eine „Zwickmühle" zu stellen? Wie fühlt sich der Spieler, dem so seine Steine abgenommen werden? Konnte er sich noch aus der Situation retten und das Spiel trotzdem gewinnen?

➤ Versuche nun, zu beschreiben, was es bedeutet, wenn jemand vor einem Dilemma steht.

Ninas Ferienplanung

Was ist ein Dilemma?

 Eigentlich hatte sich Nina schon total auf ihre Ferien gefreut. Und dann so was ...

Nina und **Mona** sind Freundinnen. Leider ist Nina mit ihrer Familie im letzten Jahr von Hamburg nach Hannover umgezogen. Die beiden telefonieren häufig, schreiben Mails etc., sehen sich aber nur noch selten. In den Herbstferien ist es endlich so weit: Nina will für die letzte Ferienwoche zu Mona fahren. Die beiden haben schon ein komplettes Programm für diese Zeit aufgestellt: alte Schulfreundinnen besuchen, durch die besten Klubs ziehen, shoppen an den bewährten Adressen ...

Mona hat dafür sogar auf einen Urlaub mit ihren Eltern verzichtet. Nina kann es kaum erwarten, dass es endlich losgeht.

Ein paar Tage vor der Fahrt ruft Ninas Mutter sie zu sich und teilt ihr mit, dass in der Woche, in der Nina nach Hamburg fahren wollte, ihre Verwandten aus den USA zu Besuch kommen, Ninas Tante und ihr Lieblingsonkel, die vor einigen Jahren ausgewandert sind.

Eigentlich wollten sie erst in drei Wochen kommen, sie mussten ihre Reiseplanung jedoch ändern, weil ihr Onkel aus beruflichen Gründen schon früher zurückfliegen muss.

- Setze dich mit deinem Tischnachbarn zusammen, und erkläre mit eigenen Worten, was für ein Problem nun auf Nina zukommt.

- Die Situation, in der Nina sich befindet, nennt man ein „Dilemma". Versucht nun zu zweit, die Merkmale eines solchen Dilemmas zu beschreiben und daraus eine Definition des Wortes zu erstellen.

- Sammelt eure Definitionen an der Tafel, auf einem Plakat o.Ä. Habt ihr alle dieselben Merkmale gefunden, oder gibt es Unterschiede? Erstellt eine gemeinsame Definition in eurer Lerngruppe.

- Schlagt die Definition des Wortes „Dilemma" in einem Lexikon nach, und vergleicht sie mit eurer.

- Überlegt gemeinsam, was ihr an Ninas Stelle tun würdet. Diskutiert in der Klasse darüber.

Definition
genaue Bestimmung eines Begriffs durch genaue Erklärung seines Inhalts

Dilemma oder nicht?

Was ist ein Dilemma?

Es gibt viele Situationen, in denen du eine unangenehme Entscheidung treffen musst. Nicht alle sind jedoch Dilemmata.

Tanja hat starke Zahnschmerzen, aber Angst vor dem Zahnarzt. Ihre Mutter hat für sie am Nachmittag einen Termin gemacht. Soll sie den Termin wahrnehmen oder nicht?

Orhan hat seinem kleinen Bruder Erkan versprochen, dass er mit ihm auf die Kartbahn darf. Die Eltern verbieten das jedoch, Erkan sei noch zu klein dazu. Soll Orhan trotzdem mit seinem Bruder auf die Kartbahn gehen?

Paul will in einen Film gehen, der erst ab 18 freigegeben ist. Er ist erst 16, sieht jedoch deutlich älter aus. Soll er probieren, ins Kino zu kommen?

Sven möchte gerne sein neues Schlagzeug in seinem Zimmer aufstellen, seine Eltern wollen das jedoch nicht, er soll es im Keller aufbauen. Was soll er tun?

Marie hat von ihrer Oma Geld zum Geburtstag geschenkt bekommen. Sie wünscht sich seit Langem ein eigenes Handy, möchte aber auch gerne mit ihren Freunden eine große Geburtstagsparty feiern. Wofür soll sie das Geld ausgeben?

Claudia hat sich von ihrem Bruder seine PSP (PlayStationPortable) geliehen, ohne dass er etwas davon wusste. Am Nachmittag fragt er sie, ob sie nicht mit ihm zusammen ein Spiel ausprobieren möchte. Was soll sie ihm antworten?

- Bestimme, ob die einzelnen Szenen Dilemmata darstellen oder nicht. Erkläre dabei, warum du meinst, dass die Situation ein Dilemma beschreibt oder nicht.

- Überlege dir selbst mehrere kurze Entscheidungssituationen, und schreibe sie auf kleine Karteikarten. Auf die Rückseite schreibst du, ob es sich dabei um ein Dilemma handelt oder nicht, und eine Begründung, warum das so ist.

- Benutzt die Karten, um sicherer darin zu werden, Dilemmata zu erkennen:
  a) Tauscht eure Karten mit denen eines Nachbarn, lest die Geschichten, und überlegt, ob ein Dilemma vorliegt. Überprüft eure Vermutung anhand der Rückseite.
  b) Schreibt auf die Kärtchen eure Namen, und gebt sie eurem Lehrer. Bildet zwei Gruppen. Jede stellt sich in einer Schlange gegenüber eurem Lehrer auf. Der liest nun eine Situation vor, und die jeweils ersten in der Schlange müssen beurteilen, ob es sich um ein Dilemma handelt. Wenn sie eine Vermutung haben, rufen sie diese laut in die Klasse. Der erste, der richtig geantwortet hat, muss nun die Begründung für seine Antwort geben. Ist diese auch richtig, darf er sich auf seinen Platz setzen, der andere muss sich wieder hinten an die Schlange anstellen. Ist die Begründung falsch, darf der Zweite versuchen, sie zu geben, und sich setzen, wenn er sie richtig beschrieben hat. Die Gruppe, die sich zuerst „aufgelöst" hat, hat den „Dilemma-Wettstreit" gewonnen.

Berts gespaltene Zunge

Was ist ein Dilemma?

Bert ist 13, lebt in Schweden und hat ständig Probleme mit seinen Eltern, seinen Freunden und neuerdings auch mit der Liebe.
Ein Beispiel dafür findest du im folgenden Text.

Halli hallo, Tagebuch!

Ich und meine gespaltene Zunge.

Vorgestern habe ich vor Paulina damit angegeben, dass ich einen niedlichen Welpen habe.

Gestern versuchte ich meine Eltern dazu zu überreden, sich einen Hund anzuschaffen.

„Du weißt doch, dass ich allergisch bin. Wir können keine Pelztiere haben", sagte Mama.

„Es gibt doch chinesische Nackthunde ohne Fell", versuchte ich, sie zu überzeugen.

„Igitt, die sehen doch aus wie gerupfte Hühner", ächzte Papa.

Ich schlug vor, dass man dem Hund einen Kunstpelz kaufen könnte, und den könnte man ihm dann jedes Mal überwerfen, wenn Mama und Papa ihn angucken wollten.

Mein Vorschlag wurde mit überwältigender Mehrheit abgelehnt. Dann ging ich auf mein Zimmer und überlegte. Zuerst dachte ich an einen ausgestopften Pudel mit Batteriemotor. Aber darauf würde Paulina niemals reinfallen. Nach einer Weile hatte ich eine geniale Idee.

Quelle: A. Jacobsson/ S. Olsson: Berts beste Katastrophen. Rowohlt, Reinbek, 2000, S. 52

- Beschreibe das Dilemma, in dem Bert steckt, in eigenen Worten.

- Bert glaubt, eine geniale Idee zu haben, wie er aus diesem Dilemma herauskommen könnte. Sammelt gemeinsam in eurer Gruppe Vorschläge, was Bert tun könnte.

- Seid ihr schon einmal selbst in einer ähnlichen Situation gewesen:
Ihr habt, aus welchen Gründen auch immer, etwas behauptet, was gar nicht stimmte, und wusstet dann nicht, wie ihr aus der Situation wieder herauskommen könntet? Tauscht euch in Kleingruppen über eure Erfahrungen aus, und überlegt gemeinsam, wie man am besten aus so einer Klemme herauskommen kann.

- Überlegt gemeinsam in der Gruppe: Gibt es Regeln, nach denen man in einer Dilemmasituation entscheiden kann?

Falsches Dilemma

Was ist ein Dilemma?

Manchmal benutzen Menschen im Gespräch eine rhetorische Figur, die man „falsches Dilemma" nennt: Ein Dilemma wird nur vorgetäuscht, um andere dazu zu bringen, etwas zu tun oder zu glauben, was sie eigentlich nicht wollen oder was so nicht richtig ist.

Rhetorische Figur
kunstfertige Ausschmückung oder Formulierung eines Ausdrucks oder Satzes

 Klaus und **Tobi** gehen in den Elektronikmarkt und stehen längere Zeit vor dem DVD-Regal. Sie sehen sich verschiedene Filme an und überlegen, ob sie einen davon so interessant finden, dass sie ihn mitnehmen wollen. Plötzlich steht ein Verkäufer vor ihnen und fragt Tobi: „Möchtest du den Actionfilm oder den Thriller kaufen?"

 Die **Klassenlehrerin der 7a** kommt am Montagmorgen in ihre Klasse und stellt fest, dass Nicola noch nicht da ist. Das ist ungewöhnlich, da sie heute einen Ausflug machen wollen und die Lehrerin extra darum gebeten hat, heute pünktlich zu sein. Sie überlegt laut vor ihrer Klasse: „Wenn Nicola noch nicht da ist, kann das nur bedeuten, dass sie entweder verschlafen hat oder dass sie eine Panne mit ihrem Fahrrad hatte. Ich rufe kurz bei ihr zu Hause an."

Sie verlässt den Klassenraum, um zu telefonieren. Als sie wiederkommt, teilt sie der Klasse mit: „Ich habe bei ihr angerufen, aber ihre Mutter hat gesagt, dass sie pünktlich losgefahren ist. Also wird sie eine Panne haben."

➔ Wie versuchen die Klassenlehrerin und der Verkäufer, ein Dilemma „vorzutäuschen"?

➔ Was wollen die beiden mit ihrem Verhalten erreichen?

Prometheus

Was ist ein Dilemma?

*In der griechischen Mythologie ist eine berühmte Geschichte die von dem Titan (Halbgott) **Prometheus**, der in einem Dilemma steckte, das für ihn tragische Folgen hatte.*

Prometheus hatte die Menschen erschaffen und ihnen mit Hilfe der Göttin Athene Leben und Verstand gegeben. Er lehrte sie, sich zu versorgen und in Gemeinschaften zu leben.

Eines Tages geriet er jedoch in Streit mit dem obersten Gott Zeus, der daraufhin den Menschen das Feuer wegnahm. Ohne Feuer konnten die Menschen jedoch nicht auf der Erde überleben. Prometheus sah nur einen Ausweg: Er stahl das Feuer von den Göttern und gab es den Menschen, obwohl er damit den Zorn des Zeus auf sich zog.

Zeus bestrafte Prometheus für diesen Diebstahl grausam: Er ließ ihn einfangen und im Kaukasus an einen einsamen Felsen über einem Abgrund festketten. Ohne Essen, Trinken und Schlaf musste er dort ausharren. Jeden Tag kam ein Adler, der seine Leber fraß, die ihm über Nacht nachwuchs.

Da er ein Halbgott und damit unsterblich war, würde diese Qual niemals enden. Erst der Held Herakles konnte ihn nach vielen Jahrhunderten erlösen.

- ↗ Versetze dich in die Rolle des Prometheus: Beschreibe aus seiner Sicht das Dilemma, in dem er steckte, nachdem Zeus den Menschen das Feuer weggenommen hatte.

- ↗ Sucht selbst Bilder oder Geschichten, z.B. in Büchern, Zeitschriften, dem Internet usw., in denen ein Dilemma dargestellt wird. Schneidet oder druckt sie aus, und beschreibt in kurzen Worten das gezeigte Dilemma.

- ↗ Gestaltet eine Wandzeitung aus euren Ergebnissen.

Gehen oder bleiben? – Ein Soap-Dilemma

Was ist ein Dilemma?

Filme und Serien leben häufig von einem Plot, in dem eine der Figuren vor einem Dilemma steht. In Folge 3303 der Soap „Verbotene Liebe" befindet sich Nathalie in einer solchen Situation.

Ansgar holt seine große Liebe **Nathalie**, die Alkoholikerin ist, aus der Entgiftung ab. Er will sie über Weihnachten bei sich auf dem Schloss haben und für sie da sein. Doch Nathalie muss bitter feststellen, dass sie Ansgar zwar liebt, sich aber nie etwas für sie ändern wird, solange sie im Umfeld von Ansgar und seiner Familie, den Lahnsteins, und all der damit verbundenen Probleme lebt. Sie kann nicht glücklich werden, wenn sie bei Ansgar bleibt, denn in seinem Umfeld gibt es einfach zu viele Faktoren, die sie unglücklich machen und evtl. wieder zurück in die Sucht treiben. Zu ihrer eigenen Sicherheit trennt sie sich von Ansgar.

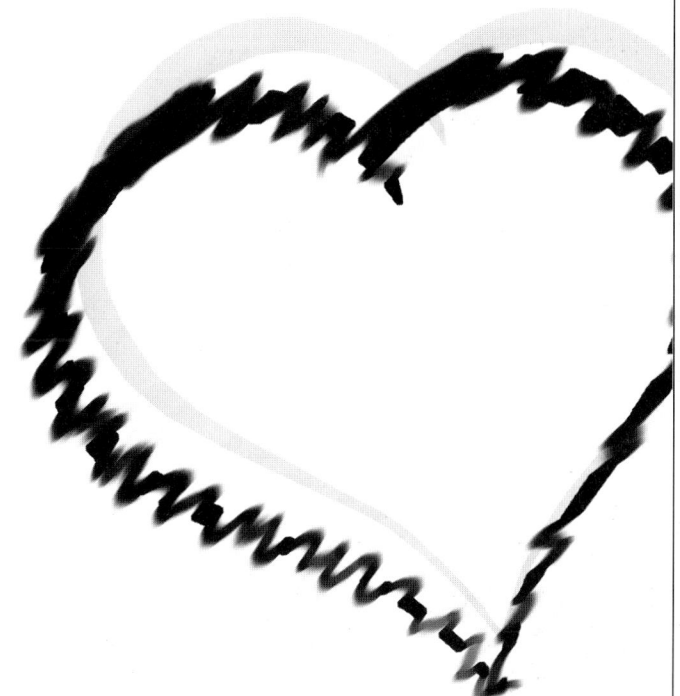

Informationen nach: www.daserste.de/verboteneliebe/folge_dyn~folge,3303~cm.asp

Plot
Aufbau und Ablauf einer Handlung in Kurzform

↗ Versuche, die Geschichte von Nathalie und Ansgar mit eigenen Ideen auszuschmücken, und schreibe die vollständige Geschichte der beiden auf.
Vielleicht kennst du die Soap und weißt, wie Ansgars und Nathalies Geschichte weitergeht. Vielleicht guckst du die Serie aber auch nicht, dann kannst du die Geschichte nach deinen eigenen Vorstellungen weiterspinnen. Achte dabei darauf, dass Nathalies Dilemma erhalten bleibt, und versuche, deutlich zu machen, warum sie sich für die Trennung von Ansgar entscheidet.

↗ Welchen Reiz könnte es für Autoren/Regisseure haben, eine Figur in einer Dilemmasituation zu zeigen?

↗ Suche in Fernsehzeitschriften, im Internet, in Büchern usw. nach Serienfolgen oder Filmen, in denen es um ein Dilemma geht. Wähle dir einen Film/eine Folge aus, und stelle die Handlung in der Klasse vor.

↗ Wählt den interessantesten Plot aus. Schreibt nun in Partnerarbeit die Fortsetzung der Handlung. Vergleicht eure Ergebnisse: Wie wird das Dilemma aufgelöst? Krönt die gelungenste Fortsetzung.

Dilemmageschichten
mit Arbeitsanregungen für Jugendliche

Lauter Entscheidungen

Was ist ein Dilemma?

Wochenende! Endlich! **Paul** stellt sein Fahrrad in der Einfahrt ab, wirft seine Tasche in eine Ecke und ruft Richtung Küche: „Was gibt's denn zu essen?" Er bekommt keine Antwort. „Hallo?" Paul steckt seinen Kopf durch die Küchentür. Auf dem Tisch liegt ein Zettel:
„Bin mit Steffi beim Zahnarzt und fahre dann einkaufen. Im Kühlschrank ist Eintopf zum Aufwärmen. Mama."

Paul ist enttäuscht. Den Mittag hatte er sich anders vorgestellt. Aber er könnte sich ja auch eine Pizza bestellen, das wäre besser als Eintopf. Mama wäre zwar vermutlich sauer, aber wenn sie wiederkommt, wäre es auf jeden Fall zu spät.

Zwei Stunden und eine Pizza Napoli später überlegt Paul, was er mit dem angefangenen Nachmittag machen soll: Er könnte seinen Kumpel Andi anrufen und mit ihm ins Kino gehen oder mit den Nachbarjungs zusammen auf dem Bolzplatz kicken. Beides hat er schon lange nicht mehr gemacht.

Als er später in die Stadt aufbricht, fällt ihm ein, dass er seiner Mutter versprochen hat, einen Film für Steffi aus der Stadtbücherei auszuleihen. Er schaut auf die Uhr: Wenn er noch in die Bücherei und wieder zurück fährt, schafft er es nie und nimmer rechtzeitig ins Kino. Er versucht, Andi auf dem Handy zu erreichen, aber der meldet sich nicht. Und das Telefon seiner Mutter hat er an der Garderobe liegen sehen …

Eine halbe Stunde später steht er vor dem Kino und wartet auf Andi. Er sieht sich schon mal die Plakate im Schaufenster an: Sie haben die Auswahl zwischen einer deutschen Komödie, dem neuesten James-Bond-Film, einer Liebesschnulze und einer Comic-Verfilmung. „Andi will sicherlich die Komödie sehen. Das wäre eigentlich auch gar nicht so verkehrt, aber da könnte ich auch noch nächste Woche mit Annika reingehen. Heute ist mir eher nach James Bond zu Mute. Ach, da ist Andi ja schon. Mal sehen, was er vorschlägt …"

Um elf ist der Film zu Ende. Andi und Paul unterhalten sich noch eine Weile im Foyer des Kinos. „Sollen wir noch etwas trinken gehen?", fragt Andi, und Paul überlegt: Eigentlich muss er morgen früh raus, weil er seinen Vater besuchen gehen möchte. Andererseits sieht er Andi nicht allzu oft, und er hat ihm noch eine Menge zu erzählen.

Als er um zwölf die Haustür aufschließt, kommt ihm seine Mutter entgegen. „Ach, sieht man dich heute auch noch mal? Ich wollte dir gerade einen Zettel schreiben und ins Bett gehen. Dein Vater hat angerufen. Er hat morgen nun doch keine Zeit. Aber du kannst mit Steffi und mir in den Zoo gehen. Das habe ich ihr versprochen, weil sie beim Zahnarzt so tapfer war. Kommst du mit?"

- ↗ Paul steht während des Tages vor einer Reihe von Entscheidungen. Welche sind das?

- ↗ Überlege dir, wie sich Paul in den verschiedenen Situationen verhalten hat. Wie ist er wohl zu seinen Entscheidungen gelangt?

- ↗ Unter diesen Entscheidungssituationen befindet sich ein echtes Dilemma: Welche ist das?

- ↗ Gibt es einen Unterschied bei den Überlegungen in einem Dilemma und einer „normalen" Entscheidung?

Regeln für die Entscheidung

Was ist ein Dilemma?

 Es gibt Probleme, bei denen du deine Entscheidung „aus dem Bauch heraus" treffen kannst, z.B. wenn ein Freund dich fragt, ob du mit ihm lieber zum Handball oder zum Volleyball gehen möchtest. Bei anderen Problemen ist diese Methode nicht empfehlenswert.

Sandra, **Achim** und **Nele** werden in Physik zu einer Arbeitsgruppe zusammengelost. Die drei sind zwar schon seit einigen Jahren zusammen in einer Klasse, haben aber eigentlich nicht viel miteinander zu tun.

Sandra ist eine Sportskanone und interessiert sich nicht besonders für andere Fächer, geschweige denn für ihre Noten. Hauptsache am Ende des Schuljahres steht höchstens eine Fünf auf ihrem Zeugnis. Achim ist ein ruhiger Typ, der in allen Fächern gut zurechtkommt. Am meisten interessiert er sich für Informatik und Astronomie, aber trotzdem ist er kein Eigenbrötler und kommt mit fast allen seiner Mitschüler gut aus. Nele dagegen ist extrem ehrgeizig. Sie möchte nach diesem Schuljahr gerne ein halbes Jahr als Austauschschülerin ins Ausland gehen. Ihre Eltern sind damit einverstanden, aber nur, wenn sie so gute Noten hat, dass sie kein Schuljahr wiederholen muss.

Ihre Physiklehrerin hat in der letzten Stunde Referatsthemen verteilt und verkündet, dass sie dieses Mal die Gruppen zufällig zusammenstellen wird, damit nicht immer dieselben zusammenarbeiten. Für die Präsentation soll die Gruppe dann eine Gesamtnote erhalten. So müssen die drei sich nun mit dem Thema „Windenergie" auseinandersetzen.

Von Anfang an gibt es bei der Zusammenarbeit Probleme: Sandra hat überhaupt keine Lust, an dem Thema zu arbeiten. Sie hilft den anderen beiden nicht, Informationen zu ihrem Thema zu recherchieren, und hat auch keine Lust, ihren Teil des Referates vernünftig auszuarbeiten, geschweige denn, Material für eine Präsentation zu sammeln. Nele regt das furchtbar auf: Physik ist ihr schwächstes Fach, und mit diesem Referat könnte sie ihre Note ordentlich verbessern. Also macht sie die meiste Arbeit von Sandra mit und regt sich deshalb noch mehr auf. Achim versucht, zwischen beiden zu vermitteln, und die meiste Zeit gelingt ihm das mehr schlecht als recht.

Als Sandra aber mal wieder einen Termin absagt, weil sie zum Training muss, platzt Nele der Kragen: Sie will am nächsten Tag zu ihrer Lehrerin gehen und sich über Sandra beschweren.

Nun steckt Achim in der Klemme: Einerseits findet er Sandras Verhalten unter aller Kanone und kann verstehen, dass Nele die Nase voll davon hat. Andererseits mag er Sandra aber ganz gerne und will nicht, dass sie Ärger bekommt. „Mit ihr zu reden, hat aber wohl keinen Zweck, ihr ist Schule nun mal völlig egal", denkt Achim. Entweder muss er Sandras Arbeit wohl oder übel mit übernehmen oder sie mit Nele zusammen bei der Lehrerin anschwärzen.

↗ Überlege dir, wie Achim zu einer Entscheidung gelangen könnte.

↗ Gibt es Regeln, Grundsätze o.Ä., die Achim bei der Entscheidungsfindung helfen könnten?

↗ Stellt in kleinen Gruppen Tipps zusammen, wie man in schwierigen Situationen zu einer durchdachten Entscheidung kommen kann. Sammelt eure Vorschläge an der Tafel, und einigt euch in der Gesamtgruppe auf eine Reihenfolge.

↗ Schreibt diese „Regeln für Entscheidungen" auf ein Plakat, und hängt sie in eurer Klasse auf.

Wie soll ich mich entscheiden?
Dilemmageschichten mit Arbeitsanregungen für Jugendliche

Das Dilemma dieser Welt ist, dass die Narren so sicher und die Weisen voller Zweifel sind.*

*Sprichwort

Alltagsdilemmata

Raucherecke

Alltagsdilemmata

Seit einiger Zeit ist das Rauchen in Schulen grundsätzlich verboten. Jedoch halten sich nicht immer alle Schüler daran. Vielleicht hast du auch Freunde, die nicht ohne „Glimmstängel" in der Pause auskommen.

Mike und **Tim** sind seit der Grundschule miteinander befreundet. Seit sie auf die Realschule gehen, sind sie allerdings nicht mehr in einer Klasse. Sie machen nicht mehr so viel zusammen, besonders seit Tim ständig mit Lars und seiner Clique zusammenhängt. Häufig gehen sie zusammen in der Pause in die „Raucherecke", einen geschützten Winkel auf dem Schulhof, um die eine oder andere Zigarette oder auch heftigeren Stoff rauchen zu können. Mike findet das ziemlich ekelig und dazu äußerst riskant.

Eines Morgens beschließt er, Tim am Nachmittag zu sich nach Hause einzuladen, um mal wieder in Ruhe mit ihm zu reden. Er macht sich auf den Weg in die Raucherecke, von wo aus Tim zu ihm herübergrüßt. Da bemerkt er, wie der Direktor und der Aufsichtslehrer direkt den Platz auf dem Hof ansteuern, auf den sich die Raucher zurückziehen. Die beiden haben ihn ebenfalls gesehen.

Mike muss sich entscheiden: Sprintet er in die Raucherecke und warnt seinen Freund, dann bekommt er Ärger mit dem Direktor. Wartet er ab, wird seine Freundschaft mit Tim wohl endgültig zu Ende gehen.

↗ Versetze dich in Mikes Lage. Schreibe einen Tagebucheintrag aus seiner Sicht, in dem du zunächst die Situation erklärst und deine Gefühle und Gedanken deutlich machst. Berichte schließlich, wie du dich in dieser Situation verhalten hättest. Begründe deine Entscheidung.

↗ Tausche deinen Tagebucheintrag mit deinem Nachbarn. Versetze dich nun in die Rolle von Tim. Überlege dir, wie du dich in seiner Haut fühlen würdest, wenn Mike so gehandelt hätte, wie es in dem Tagebucheintrag von deinem Nachbarn steht. Beschreibe seine Reaktion.

↗ Tauscht euch in der Gruppe aus: Wie haben sich die meisten von euch entschieden? Welche Gründe spielten dabei die wichtigste Rolle?

Erste Hilfe

Alltagsdilemmata

 *Eine Mathearbeit ist sicher das Schlimmste, was einem freitagmorgens passieren kann. **Julia** ist gerade zu Fuß auf dem Weg zu dieser Arbeit, die letzte im Halbjahr. Das Ergebnis könnte über ihre Versetzung entscheiden, deshalb hat sie sich besonders gründlich vorbereitet und versucht, sich selbst zu beruhigen.*

„Ich brauche gar nicht nervös zu werden …

Es gibt keinen Grund, in Panik zu verfallen …

Die Formeln kann ich auswendig, die Aufgaben, die ich gestern in der Nachhilfe gerechnet habe, waren fast alle richtig, und als Mama mich heute Morgen abgefragt hat, konnte ich ihr die wichtigsten Rechenwege gut erklären. Es kann also gar nichts passieren …

Nur noch diese eine Arbeit, und dann habe ich das Schlimmste hinter mir …

Und Mama hat mir versprochen, dass ich heute Abend ins Kino gehen darf, wenn alles vorbei ist …

Ist das nicht Michelle aus der Fünften? Die kann aber nicht gut fahren, das Rad schwankt ganz schön.

Oh je, jetzt ist sie auch noch ausgerutscht! Sieht aus, als ob sie sich wehgetan hat! Jetzt heult sie! Soll ich nicht hingehen? Dann komme ich allerdings zu spät! Aber ich kann sie doch nicht so liegen lassen, obwohl, da hinten kommen doch Leute …"

Innerer Monolog
Wiedergabe von Gedanken und Gefühlen in der Ich-Form

- Schreibe den inneren Monolog Julias zu Ende.

- Warst du selbst schon einmal in einer Situation, in der du überlegen musstest, ob du Hilfe leistest? Berichte von der Situation, und erzähle, wie du dich entschieden hast.

- Erkundige dich im Internet, bei eurem Sozialkundelehrer, im Politikbuch usw. darüber, in welchen Fällen man verpflichtet ist, jemandem in einer Notsituation zu helfen. Welche Ausnahmen gibt es? Was geschieht, wenn man in einer Situation wie der beschriebenen nicht hilft?

- Immer wieder liest man in der Zeitung, dass Leute an Unfällen vorbeifahren, ohne Verletzten zu helfen. Welche Erklärung könnte es dafür geben? Gibt es Gründe, die so ein Verhalten rechtfertigen?

- Was glaubst du: Warum würden die meisten Menschen (wenn sie gefragt würden) behaupten, dass sie in einer solchen Situation Hilfe leisten würden – viele tun es dann aber trotzdem nicht. Woran könnte das liegen?

Dilemmageschichten mit Arbeitsanregungen für Jugendliche

Drei gegen einen

Alltagsdilemmata

Nicht selten werden Schüler auf dem Weg zur Schule von anderen Jugendlichen angegriffen. **Malte**, *der in die sechste Klasse geht, hat zu so einem Vorfall ein Protokoll für seinen Klassenlehrer geschrieben.*

„Am Dienstagmittag war nach der sechsten Stunde Schulschluss. Ich hatte Klassendienst und musste noch fegen, deshalb bin ich später als die anderen aufgebrochen. Ich bin über den Lehrerparkplatz zur Bushaltestelle gegangen.
Die anderen Schüler waren schon weg, ich habe mich hingestellt und auf den nächsten Bus gewartet.

Da kamen drei Jungen aus der Zehnten und haben mich angesprochen: Sie wollten, dass ich ihnen mein Handy gebe, sonst würden sie mich verprügeln.
Ich wollte das nicht, aber da packte mich der Größte an der Jacke. Da habe ich gesehen, dass vom Schulhof noch **Jens** aus der Parallelklasse kam, und ich habe gerufen und gewunken ..."

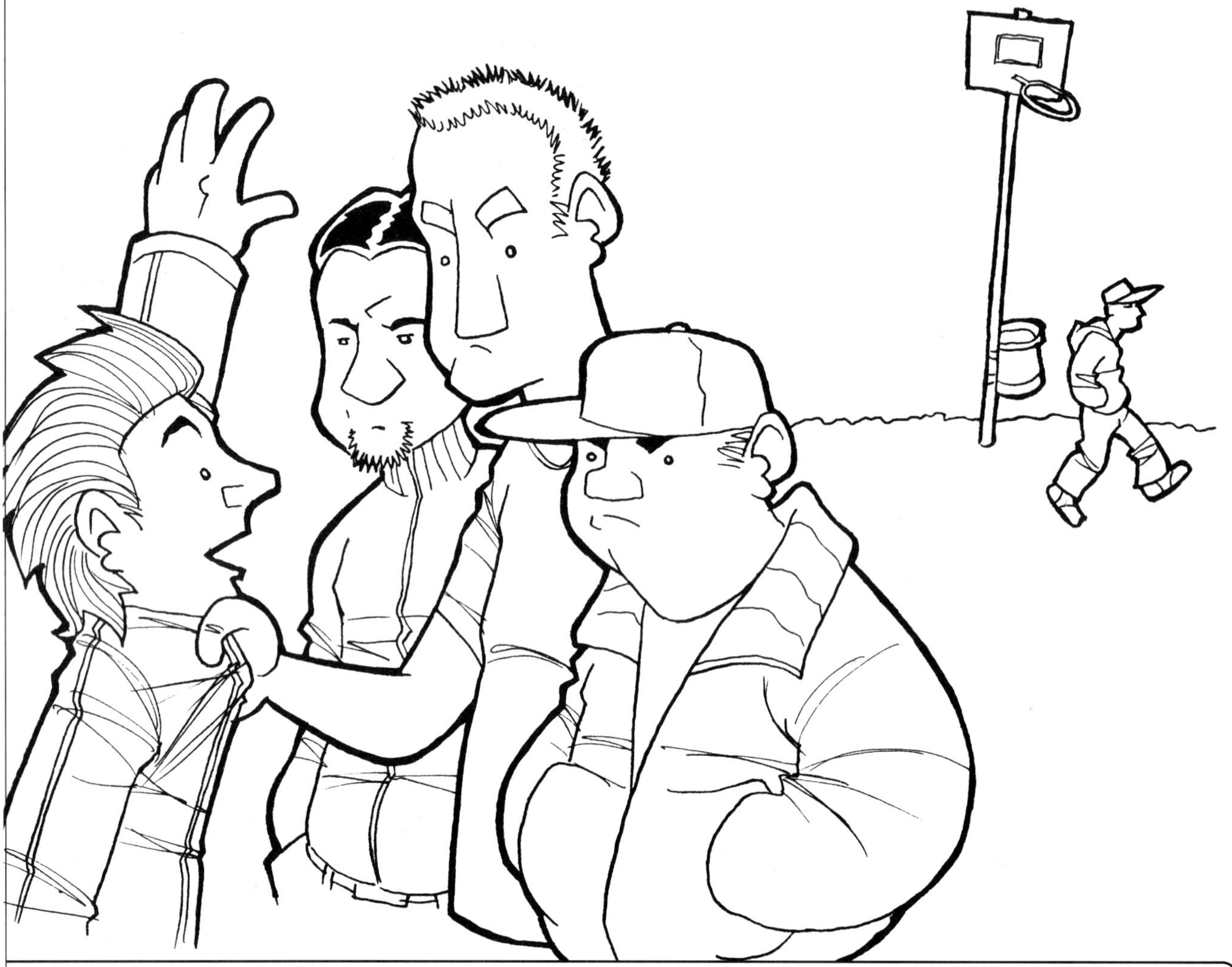

↗ Stelle dir die Situation vor, und versetze dich in die Lage von Jens. In welchem Dilemma steckst du?

↗ Lege eine Tabelle an, in der du Gründe dafür aufführst, einzugreifen oder weiterzugehen. Triff dann eine Entscheidung für Jens.

↗ Glaubst du, dass so eine Abwägung dir in einer realen Dilemmasituation helfen könnte?

Wie soll ich mich entscheiden?

Kakaobohne

Alltagsdilemmata

>> *Samira* und *Kerstin* sind am Nachmittag auf dem Weg zum Tennistraining.

Samira: „Was machen wir heute? Glaubst du, wir trainieren endlich mal was anderes als Rückhand-Schläge?"

Kerstin: „Wenn ich mich richtig erinnere, hat der Trainer letzte Woche gesagt, dass wir heute Aufschläge üben wollen."

Samira: „Ich freue mich schon richtig auf das Turnier am Wochenende. Dann kann ich endlich mal zeigen, was ich im letzten halben Jahr gelernt habe."

Im Hintergrund kommen zwei ältere Mädchen vorbei. Sie tuscheln miteinander, zeigen auf Samira und kichern laut.

Samira: „Wer sind die denn?"

Kerstin: „Die eine ist Jasmin, meine Mutter arbeitet bei ihren Eltern im Restaurant. Ich helfe da am Wochenende auch öfter mal aus und verdiene mir ein bisschen Geld dazu. Jasmin macht das auch, wir arbeiten meistens zusammen. Die andere kenne ich nicht."

Die beiden kommen näher.

Jasmin (herausfordernd): „He, Kakaobohne. Bist du etwa auch bei uns im Verein?"

Samira (leise): „Ich spiele schon seit sechs Monaten hier."

Jasmin: „Weißt du nicht, dass man Tennis den ‚weißen Sport' nennt? Du hast hier nichts zu suchen."

Kerstin: „Spinnst du, Jasmin? Was soll so ein Mist?"

Jasmin: „Ach, möchtest du dich mit der Kakaobohne solidarisieren? Dann gehen wir wohl bald nicht mehr gemeinsam bei meinen Eltern am Wochenende arbeiten. Aber das macht ja nichts, dann hast du ja mehr Zeit für die Kakaobohne."

...

➚ Setzt euch in Vierergruppen zusammen. Überlegt, wie die Szene weitergehen könnte, und schreibt sie zu Ende (je nachdem, wie die Gruppen zusammengesetzt sind, könnt ihr die Szene natürlich leicht abändern: aus den Mädchen Jungen machen, eine zusätzliche Person wie den Tennistrainer einführen usw.). Macht dabei deutlich, in welchem Dilemma Kerstin steckt (z.B. indem sie sich an das Publikum wendet und ihm ihre Gedanken und Gefühle erklärt).

➚ Spielt die Szenen in der Gesamtgruppe vor.

➚ Besprecht, wie die verschiedenen Fortsetzungen aussehen und welche ihr für realistisch haltet.

➚ Könnt ihr verstehen, dass Kerstin denkt, in einem Dilemma zu stecken, oder glaubt ihr, dass sie zwangsläufig Zivilcourage zeigen und Samira helfen muss?

Dilemmageschichten mit Arbeitsanregungen für Jugendliche

Kameradenschwein

Alltagsdilemmata

> *Manchmal gerät jemand durch Freunde in ein Dilemma, weil sie unbeabsichtigt einen wunden Punkt bei einem treffen.*

Kevin hat im letzten Jahr eine Facharbeit in Philosophie zum Thema „Beherrschen wir die Technik, oder beherrscht die Technik uns?" geschrieben.

Er hat sehr viel Zeit und Mühe in die Arbeit investiert, hat lange in verschiedenen Bibliotheken recherchiert, im Internet Quellen und Bilder gesucht und an Text und Layout sorgfältig gefeilt. Das Ergebnis war ein glattes „sehr gut", auf das er zu Recht stolz ist. Die Arbeit liegt immer noch auf seinem Schreibtisch.

Dort sieht sie schließlich sein Freund **Marc** liegen. Er liest sie durch und hat eine, wie er findet, brillante Idee: Kevin soll ihm die Arbeit überlassen, er könnte sie etwas abändern und dann als seine abgeben. Da er an einer anderen Schule ist, wird das niemandem auffallen.

Kevin zögert: Er sieht eigentlich nicht ein, dass er die ganze Arbeit macht und jemand anderes dafür die Lorbeeren erntet. Kevin kennt diese Situationen zu gut: Bei Gruppenarbeiten ist er immer der Einzige, der sich Mühe gibt, die guten Noten kriegen jedoch alle. Letzten Monat hat er mit einem Freund ein Referat vorbereitet, auch hier hatte er die ganze Arbeit.

Langsam wird Kevin das wirklich zu viel. Er fühlt sich ausgenutzt. Außerdem muss jeder bei der Facharbeit schriftlich bestätigen, dass er die Arbeit ohne fremde Hilfe angefertigt hat. Und wenn Marc erwischt wird, dann kriegt sicher auch Kevin Ärger. Doch Marc lässt nicht locker.

↗ Setze dich mit deinem Nachbarn zusammen, und legt fest, wer Kevin und wer Marc ist. Führt ein Schreibgespräch: Schreibt abwechselnd auf, was die beiden zueinander sagen könnten. Wechselt nach einer Weile die Rollen. Kommt ihr zu einem befriedigenden Ergebnis?

↗ Diskutiert in der Gruppe, wie ihr euch als Kevin gefühlt habt. Ist für jeden von euch dieses Dilemma gleich wichtig, oder gibt es in der Bewertung Unterschiede?

↗ Sammelt Beispiele für Grundsätze, Vorlieben und Abneigungen, die man nicht einfach ignorieren oder ins Lächerliche ziehen sollte, um nicht die Gefühle des anderen zu verletzen. Hast du selbst solche „wunden Punkte"?

Die Letzten werden die Ersten sein

Alltagsdilemmata

Die folgende Szene schildert eine ganz normale Situation im Sportunterricht.

„Heute spielen wir Völkerball. Damit das Ganze spannend wird, erlasse ich der Siegermannschaft für heute das Klassenraumaufräumen und Tischeputzen, das ihr euch in der Kunststunde gerade aufgehalst habt.

Jessica und **Felix**, ihr seid Mannschaftsführer und wählt. Jessica fängt an."

Felix begann, zu schwitzen. Jessica würde als Erstes garantiert Lara wählen, ihre beste Freundin. Dann wäre er dran. Sein bester Freund war Lasse. Er war zwar total nett, und man konnte mit ihm viel Spaß haben, aber leider war er komplett unsportlich, was nicht zuletzt an seiner Figur lag. „Kräftig gebaut" nannte er das. Und gerade heute wollte Felix' Vater ihn direkt nach der Sportstunde abholen. Sie wollten in die Stadt, ein neues Zelt für den Urlaub aussuchen. Das Saubermachen war nicht eingeplant gewesen. Ob Lasse es ihm sehr übel nehmen würde, wenn er ihn nicht wählen würde?

„Lara", rief Jessica prompt.

Felix holte tief Luft: „ ..."

↗ Führt eine spontane Umfrage in eurer Klasse durch: Wird Felix Lasse wählen? Welche Gründe sprechen dafür, welche dagegen?

↗ Setzt euch in Kleingruppen zusammen, und erstellt eine Mind-Map®: Was gehört für euch zu einer guten Freundschaft?

↗ Vergleicht eure Ergebnisse in der gesamten Gruppe. Diskutiert: Gibt es Grenzen für das, was ihr für einen guten Freund tun würdet?

Gesunde Schokobrötchen?!

Alltagsdilemmata

In vielen Schulen gibt es Kioske, in denen in den Pausen oder zu Mittag Kleinigkeiten verkauft werden. Viele stellen mittlerweile auf gesunde Produkte um, jedoch nicht alle.

Gina ist sauer. Sie hat ihre Verpflegung für die Pausen zu Hause auf dem Küchentisch liegen lassen. Nun hat sie nur noch die Möglichkeit, sich am Kiosk des Hausmeisters etwas zu kaufen, oder sie muss hungern. Sie kramt in ihrer Tasche und findet glücklicherweise noch etwas Kleingeld. Für einen Apfel und ein Brötchen sollte es auf jeden Fall reichen. Sie hofft darauf, dass es auch welche mit Vollkorn gibt, da sie eigentlich versucht, sich einigermaßen gesund zu ernähren.

Doch Obst gibt es am Kiosk keines, nur Brötchen, Schokoriegel und Eis. Als sie den Hausmeister darauf anspricht, dass in der Schulkonferenz doch beschlossen worden sei, dass es am Kiosk mehr gesunde Produkte zu kaufen geben soll, erklärt dieser ihr, dass er es ja versucht habe. Doch die Schüler hätten kein Obst und keine Vollkornbrötchen kaufen wollen, die hätte er am Ende des Tages immer wegwerfen müssen. Also verkaufe er jetzt wieder, was die Schüler mögen.

Gina ist ratlos. In jedem Schuljahr wird im Politik- oder Biologieunterricht über gesunde Ernährung gesprochen und am Ende der Unterrichtssreihe versprechen alle, sich ab jetzt gesünder zu ernähren. Warum sieht sie nun in der Praxis nichts davon? Und vor allem: Was soll sie jetzt nur essen?

- ↗ Beschreibe die Dilemmata, in denen Gina und der Hausmeister stecken, in eigenen Worten.

- ↗ Schreibe aus Sicht einer der beiden Personen einen Bericht für die Schülerzeitung, in der er oder sie von ihrer oder seiner Situation berichtet und Lösungsvorschläge anbietet.

- ↗ Kennt ihr aus eurem Schulalltag ähnliche Dilemmata: Ihr müsst in einer Situation wie oben Nachteile in Kauf nehmen, obwohl euch eigentlich klar ist, dass es vernünftig wäre, an der Gesamtsituation etwas zu ändern? Sammelt in der Gruppe diese Fälle, und überlegt, ob und wie ihr eingreifen könntet.

Bettinas lästige Familie

Alltagsdilemmata

Bettina telefoniert wie immer nachmittags mit ihrer besten Freundin Nicki. Bettina ist heute von allem und jedem genervt. Es ist einfach ein blöder Tag.

„... Tja, und dann hat der dämliche Holger mir die Tonne direkt auf den Fuß fallen lassen. Du kannst dir gar nicht vorstellen, wie schwer die war. Ich wäre fast gestorben vor Schmerzen.

Aber das war ja gar nicht das Schlimmste. Am Schrecklichsten waren nämlich eindeutig meine Brüder: Ich führe seit Wochen den dämlichen Köter von unseren Nachbarn aus, damit ich mir am Wochenende endlich die tollen Stiefel in der Stadt kaufen kann. Und da kommt der erste Blödmann und will unbedingt, dass ich ihm sein geliehenes Geld zurückgebe. Als ob der nicht noch eine Woche warten könnte.

Ich hatte noch nicht mal Zeit, über eine Ausrede nachzudenken, da mischt sich der andere Stinkstiefel ein und meint, dass er das Geld bekommen müsste, weil wir doch abgesprochen hätten, dass wir zusammen für meine Mama ein Geburtstagsgeschenk kaufen. Und das wollte er morgen in der Stadt besorgen.

Tja, wieder nichts mit den neuen Schuhen. Aber was meinst du: Wem soll ich nun meine hart verdiente Kohle in den Rachen werfen?"

- Stelle dir vor, du bist Bettinas Freundin am Telefon. Überlege dir, was du antworten würdest, und schreibe das Gespräch weiter.

- Wie fühlst du dich in dieser Situation: Gibst du gerne einen guten Rat? Oder ist dir das eher unangenehm?

- Worin besteht das Problem, wenn du jemandem, der vor einem Dilemma steht, einen Rat geben sollst?

- Stellt gemeinsam in der Gruppe Regeln auf, wie man sich verhalten sollte, wenn man um Rat gefragt wird und wirklich helfen will.

Dilemmageschichten mit Arbeitsanregungen für Jugendliche

Merkt doch keiner

Alltagsdilemmata

>> *Häufig wird ein Dilemma dadurch verkompliziert, dass die Chance besteht, dass eine negative Handlung möglicherweise nicht entdeckt wird.*

Paul übernachtet an diesem Wochenende bei seinem besten Freund **Arne**. Sie unterhalten sich über interessante Internet-Seiten, und Paul berichtet von einigen Cartoons, die er auf YouTube gesehen hat. Er redet immer begeisterter davon und schlägt Arne vor, ihm die entsprechenden Filme zu zeigen. Arne hat jedoch keinen eigenen Rechner mit Internet-Verbindung. Sein Vater jedoch schon. Der ist allerdings nicht zu Hause, und ohne ihn zu fragen, darf er den Computer nicht benutzen. Doch Paul drängt immer weiter. Ehe der Vater wieder zu Hause ist, seien sie schon längst fertig. Doch Arne weiß, dass sein Vater immer mal wieder checkt, welche Seiten als Letztes aufgerufen wurden.

↗ Setzt euch in Kleingruppen von vier oder fünf Personen zusammen, und veranstaltet ein Streitgespräch über dieses Dilemma. Jeder Teilnehmer bekommt einen Filzstift in einer anderen Farbe. In die Mitte der Gruppe wird ein Plakat gelegt mit der Ausgangsfrage: „Wie soll Arne sich verhalten?"

↗ Ab diesem Zeitpunkt darf in der Gruppe nicht mehr gesprochen werden. Alle schreiben nun nacheinander eine Antwort auf die Frage um diese herum. Danach darf jeder schreiben, wann und wohin er möchte: Es können Kommentare oder Widersprüche zu den Antworten sein, Gedanken zu Arnes Situation, Beispiele aus eigener Erfahrung usw. Nach 20 Minuten werden die Stifte hingelegt und alle Streitgespräche werden aufgehängt, sodass alle Gruppen ansehen können, über welche Aspekte die anderen diskutiert haben.

↗ Berichtet über eure Erfahrungen: Wie findet ihr eine Diskussion, bei der kein Wort gesprochen werden darf? Welche Vorteile hat so eine Auseinandersetzung gegenüber einem normalen Gespräch in der Gruppe?

↗ Hilft eine ausführliche Diskussion – laut oder lautlos – bei der Suche nach einer Entscheidung?

↗ Zu welchem Ergebnis seid ihr in Hinblick auf Arnes Situation gekommen? Wie soll er sich verhalten?

Gut gemeint

Alltagsdilemmata

>> Hast du schon einmal ein Geschenk zum Geburtstag oder zu Weihnachten bekommen, das du nicht wirklich mochtest? Dann kommt dir die Situation, in der sich **Karo** befindet, sicher bekannt vor.

Liebes Tagebuch!

Im Großen und Ganzen war heute ein sehr schöner Tag. Das sollte man von seinem Geburtstag ja auch erwarten können! Schon zum Frühstück haben wir gemeinsam Kuchen gegessen, und ich habe meine Geschenke ausgepackt. Im Wesentlichen habe ich mehrere Fahrstunden für den Mofaführerschein bekommen und von Nina einen Kinogutschein. Dann habe ich allerdings Omas Päckchen aufgemacht: Darin lag ein unglaublich hässlicher Motorradhelm. Außerdem habe ich ja schon längst einen nagelneuen von meinem Taschengeld gekauft. Mama sagt, ich soll ihn weit hinten im Kleiderschrank verstecken und vergessen; Papa findet, ich könnte ihn Oma ruhig zurückschicken. Am besten werfe ich eine Münze …

➚ Überlege dir, wie die Situation weitergehen könnte, im einen wie im anderen Fall. Zeichne dazu eine Bildergeschichte, in der du darstellst, wie sich Karo entscheidet und wie die Oma reagiert.

➚ Was sagt ihr zu Karos Vorschlag, eine Münze zu werfen? Haltet ihr diese Methode für eine gute Hilfe, da in einem Dilemma beide Entscheidungsmöglichkeiten ohnehin negative Folgen haben?

Dilemmageschichten mit Arbeitsanregungen für Jugendliche

Gedankenlosigkeit

Alltagsdilemmata

Klaus findet einen liegen gebliebenen Silvesterknaller auf der Straße. Er zündet ihn an, wirft ihn spaßeshalber in einen Hauseingang und läuft weg, nachdem er den Knall gehört hat. Am nächsten Morgen liest er folgende Meldung in der Zeitung.

Brand im Hausflur durch Silvesterknaller

Marl. Am gestrigen Nachmittag brannte der Hausflur eines Einfamilienhauses im Marler Stadtteil Sickingmühle aus. Während der Hausbesitzer in der Garage Holz für den Kamin holen wollte, warf ein Unbekannter einen Silvesterböller durch die offen stehende Haustür. Der Knaller explodierte auf einem Stapel alter Zeitungen und setzte diesen in Brand. Als der Familienvater wieder ins Haus kam, konnte er das Feuer jedoch schnell selbst mit Hilfe eines Feuerlöschers ersticken. Es entstand nur ein geringer Sachschaden. Mehrere Zeugen, die den Vorfall beobachtet haben, meldeten sich mittlerweile bei der Polizei in Marl.

Klaus überlegt: Soll er sich nun stellen und die Strafe, die auf ihn zukommt, annehmen oder schweigen, immer mit der Angst im Nacken, dass ihn jemand gesehen hat?

- Führt in der Gruppe eine Blitzlichtumfrage durch: Jeder sagt, ohne lange nachzudenken, wie Klaus handeln sollte und warum.

- Wenn man einen Fehler wie in der geschilderten Geschichte macht und nicht erwischt wird, bleibt häufig ein schlechtes Gewissen zurück. Diskutiert in der Gruppe: Würde es sich auch um ein Dilemma handeln, wenn Klaus die Wahl hätte, seinen Fehler einzugestehen und bestraft zu werden oder nicht erwischt zu werden und dabei ein schlechtes Gewissen zu haben?

- Sammelt in der Gruppe Situationen, in denen ihr die Wahl zwischen einer konkreten negativen Folge oder einem schlechten Gewissen hattet. Wie habt ihr euch verhalten und euch dabei gefühlt?

- Fühlt sich ein schlechtes Gewissen in jeder Situation und für jeden gleich an?

- Ist ein schlechtes Gewissen dasselbe wie eine Strafe?

- Warum werden Situationen, in denen ein schlechtes Gewissen eine Rolle spielt, häufig mit einem Bild, wie es oben zu sehen ist, dargestellt?

Ich bin leider Vegetarier …

Alltagsdilemmata

> *Viele Menschen essen aus Überzeugung kein Fleisch oder keinen Fisch.
> Nicht jeder nimmt das allerdings ernst.*

Sven hat **Benedikt** zum Essen eingeladen. Er weiß zwar, dass Benedikt in der Schulkantine nie Fleisch isst und auf seinen Pausenbroten auch nie Wurst hat. Er hat sich darüber jedoch noch nie groß Gedanken gemacht. Als sie bei ihm zu Hause angekommen sind und am Abendbrottisch sitzen, bemerkt er plötzlich, wie Benedikt beim Anblick der Spagetti Bolognese das Gesicht verzieht. „Was hat der bloß?", denkt er und beginnt, die Soße über den Nudeln zu verteilen. Benedikt rutscht unruhig auf dem Stuhl herum.

↗ Versetze dich in Benedikts Lage, und überlege dir, wie du an seiner Stelle handeln würdest.

↗ Schreibe ein Gespräch zwischen Benedikt und Sven auf, das nach dem Essen stattgefunden haben könnte. Erläutere darin ausführlich Benedikts Haltung und seine Gefühle in der Situation am Tisch.

↗ Überlegt euch in der Gruppe weitere Fälle, in denen jemand wegen einer Meinung, einem Grundsatz oder einer bestimmten Haltung in ein Dilemma geraten kann. Wie würdet ihr euch in so einem Fall entscheiden?

Gestern im Kaufhaus

Alltagsdilemmata

Sicher hast du dich auch schon über „Petzen" beschwert, die bei jeder Kleinigkeit zum Lehrer, zu den Eltern etc. rennen und andere anschwärzen; meist sogar, um sich selbst einen Vorteil zu verschaffen. Doch gibt es vielleicht auch Fälle, in denen es notwendig ist, zu „petzen"? Und ist es überhaupt noch „petzen", wenn man einfach verpflichtet ist, einen Vorfall zu melden?

Sandra und **Dennis** waren schon seit ewigen Zeiten befreundet. Sie gingen seit der Grundschule in eine Klasse, hatten zusammen Schwimmen gelernt, lasen dieselben Bücher und mochten dieselbe Musik. Die beiden konnten sich stundenlang über die Vor- und Nachteile der Verfilmung des „Herrn der Ringe" unterhalten, und es machte ihnen nicht das Geringste aus, wenn ihre Mitschüler sie deshalb für das schrägste Paar der gesamten Mittelstufe hielten. Dennis zuliebe war Sandra sogar Fan des DSC Arminia Bielefeld geworden, er begleitete sie dafür auf ihren ausgiebigen Einkaufsstreifzügen am Wochenende.

Bei einem dieser Bummel landeten sie im CD-Geschäft von Sandras Cousine. Sie hörten sich durch die neuesten Soul-CDs und wählten schließlich die zwei besten aus. Sandra ging zur Kasse, um ihre zu bezahlen. Während sie im Portmonee nach Kleingeld suchte, unterhielt sie sich mit ihrer Cousine über ihre Geburtstagsparty am nächsten Wochenende.

Als sie fertig war, drehte sie sich um und glaubte, ihren Augen nicht trauen zu können: Sie sah, wie Dennis eine CD unauffällig in seiner Jackentasche verschwinden ließ.

- Diskutiert in kleinen Gruppen: Was sollte Sandra in dieser Situation tun?

- Sandra hat die Wahl, ob sie ihren Freund anschwärzt oder einfach über den Vorfall hinwegsieht. Eigentlich kann sie ohnehin nicht tolerieren, dass jemand etwas mitgehen lässt, denn das ist schließlich Diebstahl. Aber sie befindet sich noch in einer weiteren Zwickmühle. Erkläre, was Sandras Problem ist.

- Auf der einen Seite heißt es immer, dass man seine Freunde nicht „verpetzen" oder „verpfeifen" soll. Auf der anderen Seite wird gesagt, dass es Situationen gibt, in denen man in jedem Fall die Wahrheit über eine Situation oder eine Person sagen muss. Sucht Beispiele für beide Seiten.

- Stellt Kriterien für Situationen auf, in denen „Petzen" erlaubt sein muss. Ist es wirklich noch „petzen", wenn man in einer solchen Situation einfach die Wahrheit sagen muss?

- Stellt eure Kriterien in der Gesamtgruppe vor, und einigt euch auf gemeinsame Regeln.

David Ballinger

Alltagsdilemmata

 David Ballinger ist ein Schüler, der sich in eine unangenehme Situation manövriert, um seinen Freund Scott nicht zu verlieren. Wie es dazu kam, kannst du in folgendem Text nachlesen.

„Mann, ist die hässlich!", flüsterte Roger.

Scott und Randy lachten. David lachte auch, obwohl er die Bemerkung gar nicht witzig fand. Mrs. Bayfield war nicht hässlich. Sie war nur eine einsame alte Dame, die sich ein bisschen merkwürdig kleidete.

„Ist da jemand?", rief Mrs. Bayfield.

Das Grinsen verschwand aus Davids Gesicht. Die Jungen duckten sich hinter die Büsche neben dem rostigen Gartentor. Sie waren jetzt ganz still. Mrs. Bayfield saß in einem Schaukelstuhl vor ihrem großen, dreistöckigen Haus. Es sah schon ziemlich verfallen aus. Sie trug ein gelbweißes Kleid mit Blumenmuster und eine rote Strickweste. Auf ihrem langen grauen Haar saß ein roter Hut mit weicher Krempe. An den Füßen trug sie rote, knöchelhohe Turnschuhe und violette Strümpfe, die bis zum Knie reichten. Quer über ihren Beinen lag ihr Spazierstock mit den Schlangenköpfen. Diesen Stock wollten sie ihr klauen. Deswegen waren sie gekommen. (…)

„Ich glaube, die hat überhaupt noch nie gebadet!", sagte Roger. *„Habt ihr sie mal gerochen?"*

„Ich riech's bis hierher", sagte Scott und hielt sich die Nase zu. *„Sie stinkt wie ein Schwein!"*

Roger und Randy lachten, und auch dieses Mal lachte David mit, aber nicht, weil er irgendetwas an dem Gerede lustig fand. Wenn er ehrlich war, musste er zugeben, dass er Mrs. Bayfields Geruch sogar ganz gern mochte. Er erinnerte ihn an chinesischen Tee. Irgendwann hatte er mal auf der Post hinter ihr in der Schlange gestanden und die ganze Zeit überlegt, was für ein Geruch das war. Schließlich hatte er sich für süßen chinesischen Tee entschieden. Allerdings war er nicht so dumm, das Roger und Randy zu erzählen. Scott hielt ihn schon viel zu oft für absolut uncool.

„Okay, Scott", sagte Roger. *„Wenn ich dir ein Zeichen gebe, schnappst du dir den Stock. Randy und ich kümmern uns um die Alte."*

„Und was soll ich machen?", fragte David.

Roger antwortete ihm nicht. Er sah David einfach nur an, so als wüsste er gar nicht, wieso der überhaupt da war. David selbst wusste das auch nicht. Ganz bestimmt nicht, um dabei mitzuhelfen, einer armen alten Frau den Stock zu stehlen. Trotzdem war er enttäuscht, dass er in Rogers Plan nicht vorkam.

„Halt dich einfach bereit, David", sagt Randy. *„Mach das, was anfällt."*

David nickte. Er war froh, dass wenigstens Randy ihn mitmachen ließ.

„Pass aber auf", warnte ihn Randy grinsend. *„Sie ist eine Hexe."*

Quelle: Louis Sachar: Der Fluch des David Ballinger. DTV, München, 4. Aufl., 2004, S. 5–7

↗ Beschreibe Davids Dilemma in eigenen Worten.

↗ Schreibe das Kapitel zu Ende. Wird David wirklich bei dem Diebstahl helfen?

↗ Lest eure Fortsetzungen in der Gruppe vor, und überlegt, welches die *beste* und welches die *wahrscheinlichste* Fortsetzung der Geschichte ist. Leiht euch in der Bücherei das Buch aus, und vergleicht eure Fortsetzungen mit dem wirklichen Kapitelende.

↗ Tauscht euch in der Gruppe aus: Seid ihr selbst oder Freunde von euch schon einmal in einer ähnlichen Situation gewesen? Wie habt ihr euch oder wie haben sie sich verhalten? Würdet ihr beim nächsten Mal wieder so handeln?

Dilemmageschichten mit Arbeitsanregungen für Jugendliche

Nur eine kleine Affäre …

Alltagsdilemmata

Ob man eine Affäre dem Partner beichten soll, ist ein schwierige Frage. Vielleicht hatte die Affäre keine große Bedeutung – dann ist die Frage, ob man mit der Wahrheit die Partnerschaft unnötig gefährdet. Aber ist Ehrlichkeit nicht das Wichtigste in einer Partnerschaft?

Elke ist sauer. Schon wieder hat ihr Freund **Daniel** sie versetzt, weil er angeblich unbedingt mit **Franziska** an einem Referat arbeiten muss. Weil sie nichts Besseres vorhat, geht sie eine Runde spazieren. Und was sieht sie da: Daniel und Franziska sitzen gemütlich im Eiscafé und unterhalten sich offenbar blendend. *„Na warte! Du kannst was erleben!"*

Am nächsten Tag treffen sich die beiden nach der Schule bei Elke. Kaum sitzen sie zusammen auf dem Sofa, bringt Elke das Thema auf den Tisch: *„Ich habe dich gestern mit Franziska im Eiscafé gesehen. Und mir erzählst du, ihr müsstet zusammen an einem Referat arbeiten! Macht ihr sonst noch Dinge zusammen, von denen du mir nichts erzählst?!"*

Daniel verteidigt sich: *„Wir sind einfach früher als geplant fertig geworden. Und weil das Wetter so gut war, dachten wir, dass wir eben zusammen noch ein Eis essen könnten. Was ist denn dabei?"*

„Das hat aber nicht nur nach Eisessen ausgesehen. Wie ihr da gesessen habt, enger ging das ja wohl gar nicht. Es hätte nur noch gefehlt, dass sie sich auf deinen Schoß gesetzt hätte. Ich möchte gar nicht wissen, was ihr gemacht habt, als ihr gestern bei dir wart."

„Sie hat mir Fotos von ihrem letzten Urlaub gezeigt. Das war alles."

„Du kannst mir also schwören, dass du nichts mit ihr hast?"

Daniel überlegt einen Moment. Ehrlich gesagt, sind er und Franziska sich bei der Arbeit an dem Referat tatsächlich nähergekommen. Allerdings ist es weder von seiner noch von ihrer Seite aus etwas Ernstes, Franziska hat einen Freund, den sie sehr liebt. Und auch er hat nicht die Absicht, sich von Elke zu trennen. Das ist wirklich nur eine kleine Affäre …

Eigentlich hat er Elke versprochen, sie nie zu belügen, andererseits möchte er ihr nicht wehtun. Also atmet er einmal tief durch und sagt: *„Natürlich, Schatz."*

Elke ist zwar erst einmal beruhigt, aber sie bleibt misstrauisch. Daniel schwitzt jedes Mal Blut und Wasser, wenn das Gespräch auf Franziska kommt. Die Stimmung zwischen beiden ist sehr angespannt.

Nach einigen Wochen ist das Referat gehalten, und Franziska und Daniel gehen wieder in jeder Beziehung getrennte Wege. Das Verhältnis zwischen Elke und Daniel entspannt sich, und die ganze Geschichte gerät allmählich in Vergessenheit.

➚ Hat Daniel deiner Meinung nach die richtige Entscheidung getroffen? Diskutiert den Fall in der gesamten Gruppe.

➚ Versetze dich in Elkes Situation: Was hättest du gemacht?

➚ Setzt euch in Kleingruppen zusammen: Stellt eine Liste zusammen, was für euch in einer Partnerschaft besonders wichtig ist.

Kaufrausch

Alltagsdilemmata

Es ist ein großer Schritt im Leben, das erste Mal mit seinem Partner in eine gemeinsame Wohnung zu ziehen. Dabei muss man sich allerdings auf die Vorlieben und Marotten des anderen einstellen können.

Karl und **Netti** sind gerade in ihre erste gemeinsame Wohnung gezogen. Nach einigen Wochen stellt Karl jedoch fest, dass Netti eine sehr seltsame Eigenschaft hat: Sie hat eine Schwäche für teure Küchengeräte, die sie am liebsten aus verschiedenen Katalogen bestellt. Mittlerweile stehen ein Schokoladen-Springbrunnen, eine Nudelmaschine und ein Ananasschäler im Weg herum, ohne jemals gebraucht worden zu sein. Karl hat schon mehrfach die Geräte fast vom Regal heruntergestoßen, Netti scheint das jedoch wenig zu stören. Sie protestiert auch lautstark, wenn Karl anregt, die Sachen in den Keller zu verbannen.

So geht das einige Wochen weiter, und Karl muss sich mittlerweile an einen neuen Messerblock gewöhnen. Als Netti jedoch noch eine Eieruhr in Kuhform bestellt und allen Ernstes erklärt, dass es auch noch ein Schwein und ein Huhn gibt, die sie demnächst bestellen möchte, wird es Karl zu viel. Er erklärt, dass Netti sich mit diesem ganzen Kram ruinieren wird und er keine zusätzlichen Geräte in der Küche dulden wird. Netti hält dagegen, dass sie ausschließlich ihr eigenes Geld dafür ausgibt und es Karl deshalb völlig egal sein kann. Außerdem bezahlt sie die Hälfte der Miete und kann deshalb genauso gut wie er bestimmen, was in der Küche steht und was nicht. Beide gehen beleidigt ins Bett und reden nicht mehr über das Thema.

Am nächsten Tag kommt Karl wie immer früher als Netti nach Hause. Er nimmt die Post mit in die Wohnung und beginnt, sie zu sortieren. In dem Stapel für Netti liegen zwei Kataloge für Küchenutensilien. Karl beschließt, sie unauffällig in der Papiertonne verschwinden zu lassen, auch wenn er Netti damit um ihr Lieblingshobby bringt.

- Setzt euch zu zweit zusammen, und schreibt ein Gespräch zwischen Karl und Netti auf, das die beiden über Nettis Einkaufsverhalten führen. Könnte es einen anderen Ausgang als hier in der Geschichte nehmen?

- Karl greift in Nettis Leben ein. Was glaubt ihr: Hat er ein Recht dazu?

- Könnt ihr euch weitere Situationen vorstellen, in denen man für einen Partner oder einen Freund so handeln muss?

- Umgekehrt: Gibt es Situationen, in denen man auf gar keinen Fall eingreifen darf?

Dilemmageschichten mit Arbeitsanregungen für Jugendliche

Peinlich

Alltagsdilemmata

> Viele Schüler mögen den Sportunterricht in der Schule. Es gibt jedoch auch Schüler, die ihn am liebsten komplett abschaffen würden.

Michi ließ sich von der Schulsekretärin ein Pflaster auf sein Knie kleben. Er hatte im Sportunterricht beim Hürdenlauf den Rhythmus nicht gefunden und mehrere Hürden umgelaufen, statt elegant über sie hinwegzugleiten. Die letzte hatte das Manöver nicht überlebt: Er hatte mitten in den Querbalken getreten und ihn auf diese Weise in zwei Teile gespalten. Bei dem darauf folgenden Sturz hatte er sich das Knie aufgeschlagen.

„Na, Michi, auch mal wieder da?", meinte Frau Schneider, als er ins Sekretariat gehumpelt kam. Es war nämlich nicht das erste Mal, dass er nach dem Sport ein Pflaster, einen Verband oder ein paar Minuten Ruhe auf der Liege brauchte. Nicht, dass er zu träge war oder Sport so sehr hasste, er war einfach etwas ungeschickt: Neben der Hürde hatte er schon ein Volleyballnetz, mehrere Badmintonschläger und eine Hochsprungstange auf dem Gewissen. Beim Diskuswerfen durfte er nur noch messen, seit er bei seinem ersten Versuch die falsche Richtung erwischt hatte. Und über den Zusammenhang von Keulen und Gehirnerschütterungen wollte er gar nicht mehr nachdenken ...

Als er in der großen Pause auf den Vertretungsplan schaute, traute er seinen Augen nicht: Am nächsten Tag war der Sportlehrer auf einer Fortbildung, und sie sollten zusammen mit den Mädchen Sport machen. Das kam überhaupt nicht in Frage! Es war schon schlimm genug, dass seine Mitschüler in den Sportstunden über ihn lachten. Aber dass die Mädchen ihn dabei sahen und ihre Kommentare abgaben, das konnte er nicht ertragen. Aber seine Eltern würden ihm für die Stunde sicher keine Entschuldigung schreiben. Sollte er die Stunde also einfach schwänzen?

- Setze dich mit einem Partner zusammen, und schreibe einen Dialog, in dem Michi seine Situation mit einem Freund bespricht. Zu welcher Lösung kommt ihr?

- Stelle dir vor, Michi ringt sich doch dazu durch, mit seinen Eltern über den nächsten Tag zu reden. Was sollten die Eltern tun: a) eine Entschuldigung für die Sportstunde schreiben, b) eine Entschuldigung für den ganzen Tag schreiben (damit es nicht so auffällt), c) mit dem Sportlehrer/Klassenlehrer sprechen, d) nichts tun, Michi muss mit dieser Situation einfach fertig werden.

- Diskutiert in der Gruppe: Bei welchen Problemen sollte man unbedingt mit seinen Eltern reden, wo ist es ratsam, sich woanders einen Rat zu suchen?

- An wen kann man sich, außer an seine Eltern, bei Problemen in der Schule wenden?

Gemischter Sportunterricht

Alltagsdilemmata

> Es gibt verschiedene Gründe, aus denen Schüler nicht am Sportunterricht teilnehmen möchten. Häufig werden religiöse Gründe als Entschuldigung angegeben.

Havva hatte ein mulmiges Gefühl, wenn sie an die gemischte Sportstunde am nächsten Tag dachte. Sie war Muslima und kam aus einer streng gläubigen Familie. In der Schule trug sie ein Kopftuch. Im Sport nahm sie es ab, weil sie dort nur unter Mädchen war: Die Umkleidekabinen waren so angelegt, dass die Jungen sie nicht sehen konnten, auch in der Halle konnte man nicht von einem Bereich in den anderen schauen. Den Unterricht hielt eine Lehrerin. Havva war sehr sportlich und fühlte sich bisher immer wohl dabei.

Doch nun wusste sie nicht, wie sie sich verhalten sollte: Sie konnte unter gar keinen Umständen mit den Jungen zusammen Sport machen, ohne ihr Kopftuch zu tragen, das würden ihre Eltern nicht erlauben. Sie hatte jedoch von ihrer älteren Schwester gehört, dass der Sportlehrer das aus hygienischen Gründen unter gar keinen Umständen tolerierte. Andererseits wollten sie morgen Volleyball spielen, das konnte sie sich auf keinen Fall entgehen lassen, alle Mädchen wollten unbedingt den Jungs beweisen, dass sie besser als sie waren.

Auf dem Heimweg überlegte Havva, was sie tun sollte: Wenn sie ihren Eltern von der Gemeinschaftsstunde erzählte, würden sie ihr die Teilnahme verbieten und ihr eine Entschuldigung schreiben. Nahm sie an der Stunde teil, würden ihre Eltern es vermutlich von ihrem Cousin, der in ihre Klasse geht, erfahren. Sollte sie ihren Eltern von der gemeinsamen Sportstunde erzählen?

- Aus welchen Gründen möchte Havva nicht am Sport teilnehmen?

- Könnt ihr diese Gründe nachvollziehen? Diskutiert in der Gruppe darüber.

- Wie könnte ein Gespräch zwischen Havva und ihren Eltern verlaufen, a) wenn sie ihnen vor der Sportstunde davon berichtet, b) wenn sie ihnen nach der Stunde davon erzählt?

- Viele Schüler mögen den Sportunterricht nicht, weil sie sich wegen ihres Aussehens oder ihrer Unsportlichkeit schämen. Havva hat hingegen wegen ihrer Religion ein Problem. Welche Situation hältst du für problematischer? Gib Gründe dafür an.

Dilemmageschichten mit Arbeitsanregungen für Jugendliche

Tim und Ruby

Alltagsdilemmata

> **Tim** liebt **Ruby**. Durch einen glücklichen Zufall hat er ihr Tagebuch gefunden und festgestellt, dass sie einen Freund haben will, der Ballett mag, gut zuhören kann, Hermann Hesse schätzt und Fußball hasst – also alles haben muss, was er nicht hat. Er entwickelt deshalb mit seinem Freund **Larry** einen Schlachtplan.

Larry und ich warteten vor der Ballettschule. Gut versteckt. „Wir müssen sichergehen, dass du auch in Rubys Kurs kommst, sonst hat's ja keinen Sinn, Alter", sagt Larry, und deswegen warten wir.

Ich versuche, nicht daran zu denken, was ich hier treibe. Ich, Tim Steiger, werde mich zum Ballett anmelden. Das geht echt nur, weil ich Ruby will, und sonst gar nicht.

Natürlich bin ich gut vorbereitet. Larry und ich haben tagelang geübt. Ruby muss sofort denken: Das ist er, das ist der Typ, den ich gesucht habe. Wir haben zum Beispiel Philosophieren geübt.

Larry war der Stichwortgeber: „Wahre Liebe!"
Wahre Liebe, o.k., was kann man darüber sagen, philosophisch. „Äh, wahre Liebe ist, äh, also ..."
„Ausgehend von dem Wort wahr kann man sagen, dass wahre Liebe die reine Liebe ist. Die Liebe eben, an der nichts falsch ist, der nichts passieren kann, weil sie dazu gemacht ist, genau zwischen den beiden Leutchens stattzufinden, die sie empfinden."
Danke, Larry.

Ich muss das ganze Hesse-Buch durchlesen, und Larry hat die anderen, die der noch geschrieben hat, aus der Bücherei geholt. Viele Bücher. Unendlich viele. Jetzt habe ich eine lebenslange Hesse-Allergie.

Außerdem hat Larry getestet, ob ich zuhören kann. Er hat mindestens eine Stunde lang geschwafelt, und ich habe versucht, ihm zu folgen, aber als er mich dann am Ende gefragt hat, was er gesagt hat ...
Na ja, er hat eben viel gesagt.
„Ich bin halt kein Mädchen", hab ich ihn angepampt.
Da hat Larry eine Augenbraue hochgezogen.
„Was dann, ein Macho vielleicht?"

Im CD-Regal meiner Eltern habe ich einen Schubert gefunden. Ich glaube, meine Mutter hat mal so einen Kurs gemacht, Klassik für Anfänger. Die CD habe ich mir dann am Abend reingezogen. Ist ja gar nicht so übel, der Schubert. Aber wie soll man ihn zum Beispiel von Mozart unterscheiden, oder wie die alle heißen? Mein Bruder Benno kam reingerumpelt, hat die Musik ausgemacht und sich vor mir aufgebaut: „Sag mal, Kleiner, bist du krank? Das kann man ja nicht aushalten!"
Ich hab die Musik einfach wieder angemacht.
„Mann, hey. Das ist Schubert!"
Benno hat kopfschüttelnd das Feld geräumt. Einer, der Leguanen lebende Mäuse zum Fressen gibt, kann natürlich nichts von Schubert verstehen.
„Vielleicht hat Ruby heute kein Training", sage ich zu Larry und fühle mich bei dem Gedanken irgendwie erleichtert.

Da biegen sie plötzlich um die Ecke, Ruby und Alina. Ich presse die Lippen zusammen. Das nennt man wohl die Stunde der Wahrheit.

Quelle: Brinx/Kömmerling: Alles Hühner – außer Ruby!
Thienemann, Stuttgart/Wien, 2003, S. 39–41

- In welchem Dilemma steckt Tim?

- Was hältst du von dem Schlachtplan, den er mit Larry ausarbeitet? Ist er Erfolg versprechend?

- Hast du schon Ähnliches veranstaltet, um jemanden zu beeindrucken, den du toll fandest?

- Diskutiert in der Klasse: Ist es beim ersten Date besser, in jedem Fall die Wahrheit über sich zu erzählen, oder gibt es Dinge, die man zuerst lieber verschweigen sollte?

Schwul oder was?

Alltagsdilemmata

>> *Schwul oder lesbisch zu sein, ist heutzutage nichts Besonderes mehr. Stimmt das wirklich?*

Jens ist schwul. Er hat lange gebraucht, um das für sich selbst klarzubekommen, aber mittlerweile ist er ganz sicher, dass er auf Jungen steht. Seinen Eltern hat er das auch schon erzählt, und sie haben sehr verständnisvoll reagiert, auch wenn sie erst ein paar Tage brauchten, um sich an den Gedanken zu gewöhnen. Er hat zumindest keine Sprüche wie *„Und wer schenkt uns dann Enkelkinder?"* gehört oder rosa T-Shirts geschenkt bekommen.

In letzter Zeit hat er häufiger das Café „Oscar" besucht, einen Treffpunkt für Schwule und Lesben. Dort hat er **Hendrik** kennengelernt. Sie haben sich auf Anhieb gut verstanden. Nach mehreren Treffen haben sie sich zu einem Spaziergang am Fluss verabredet, und dort haben sie sich das erste Mal geküsst. Seitdem sind sie eigentlich unzertrennlich.

Hendrik hat Jens' Familie schon getroffen, und er fühlt sich in Hendriks Freundeskreis schon fast zu Hause. Seine Mitschüler und Freunde allerdings kennen Hendrik noch nicht. Jens zögert ein Treffen immer wieder hinaus. In der Schule hört er in der Pause ständig Schimpfwörter, die ihn innerlich zusammenzucken lassen: *„Bist du schwul oder was?", „Hey, du schwule Sau!", „Ist das schwul."* Er weiß nicht, was er davon halten soll, dass seine Mitschüler solche Ausdrücke in den Mund nehmen, und er hat Angst, dass er Ziel dieser Sprüche wird, wenn er sich outet.

Er hat schon versucht, bei seinen engeren Freunden etwas von seiner Situation anzudeuten, aber die haben sein Problem nicht verstanden. „Was hast du denn? Das ist doch bloß ein Spruch, Mann, das nimmt doch keiner ernst. Oder bist du etwa selbst einer von denen?" Bisher hat Jens dann immer schnell den Kopf geschüttelt.

Doch nun steht das Schulfest vor der Tür. Dort soll es ein Fußballturnier geben, bei dem Jens in der Mannschaft seiner Klasse antritt. Am Abend ist eine große Party geplant. Viele Mitschüler haben angekündigt, ihren Partner mitzubringen. Hendrik hat gesagt, dass er gerne kommen möchte, um Jens anzufeuern und endlich seine Freunde kennenzulernen. Jens druckst herum. Aber Hendrik lässt nicht locker, sie seien nun schon so lange zusammen, und er habe langsam den Verdacht, dass Jens sich schäme, sich mit ihm in der Öffentlichkeit zu zeigen.

Jens protestiert. Als Hendrik aber fragt, warum er dann nicht kommen soll, weiß er nicht, was er antworten soll.

↗ Warum zögert Jens, Hendrik zu dem Schulfest einzuladen?

↗ Kennst du ähnliche Fälle an deiner Schule? Wie reagieren deine Mitschüler auf homosexuelle Mitschüler?

↗ Was könnte Jens bei seinem Coming-out helfen? Sammelt Vorschläge.

↗ Tragt in der Gruppe Beispiele dafür zusammen, wo Schwule und Lesben heute noch in der Gesellschaft ausgegrenzt und benachteiligt werden. Recherchiert dazu im Internet z.B. unter *www.gay-web.de* oder *www.gayhelp.de*

↗ Welche Möglichkeiten gibt es für sie, sich über ihre Rechte zu informieren und sich gegen Diskriminierungen zu wehren?

Wie soll ich mich entscheiden?
Dilemmageschichten mit Arbeitsanregungen für Jugendliche

> Das Dilemma des Menschen besteht darin, dass er zwar weiß, dass er sterblich ist, dass er aber so lebt, als wäre er unsterblich.*

* *Friedrich Dürrenmatt (1921–1990), schweizer Schriftsteller*

Ethische Dilemmata

Jein

Ethische Dilemmata

Die Band „Fettes Brot" hat ein Lied über Dilemmata geschrieben, in dem jeder der drei Bandmitglieder von einer Situation erzählt, in der er nicht mehr ein noch aus wusste. Die zweite Strophe erzählt von einem Freundschaftsproblem.

- Besorgt euch eine Version des Songs auf CD, MP3 o.Ä., und hört ihn euch in der Gruppe an. Wie findet ihr den Text?

- Nicht nur in den beschriebenen Situationen, sondern auch in allen möglichen anderen muss man sich entscheiden, ob man loyal zu einem Freund hält oder die Freundschaft für etwas Wichtigeres (bzw. einen Wunsch, der einem in dem Moment als wichtiger erscheint) opfert.
Denkt euch selbst ähnliche Situationen aus, und sammelt sie in der Gruppe.

- Wählt euch eine Situation aus, und schreibt eine weitere Strophe für den Song.

- In der abgedruckten Strophe wird für das Dilemma ein sehr bekanntes Bild gebraucht: Engel und Teufel reden stellvertretend für beide Positionen auf dich ein. Illustriere deine neue Strophe mit einem Cartoon, in dem du dieses Bild aufgreifst.

Ich habe einen Freund – ein guter? – sozusagen, mein bester,
und ich habe ein Problem,
ich steh' auf seine Freundin – nicht auf seine Schwester!
Würd' ich auf die Schwester stehen, hätt' ich nicht das Problem,
das wir haben, wenn er, sie und ich uns sehen.
Kommt sie in den Raum, wird mir schwindelig.
Sag ich, sie will nichts von mir, dann schwindel' ich.
Ich will sie, sie will mich, das weiß sie, das weiß ich.
Nur mein bester Freund, der weiß es nicht.
Und somit sitz' ich sozusagen in der Zwickmühle,
und das ist auch der Grund,
warum ich mich vom Schicksal gefickt fühle.
Warum hat er die schönste Frau zur Frau?
Mit dem schönsten Körperbau! – Und ist sie schlau? – Genau!
Es steigen einem die Tränen in die Augen, wenn man sieht,
was mit mir passiert und was mit mir geschieht.
Es erscheinen Engelchen und Teufelchen auf meiner Schulter
Engel links, Teufel rechts:
Lechz!
„Nimm dir die Frau, sie will es doch auch,
kannst du mir erklären, wozu man gute Freunde braucht?"
„Halt, der will dich linken", schreit der Engel von der Linken,
„weißt du nicht, dass sowas Scheiße ist und Lügner stinken?"
Und so streiten sich die beiden um mein Gewissen.
Und ob ihr's glaubt oder nicht, mir geht es echt beschissen.
Und während sich der Engel und der Teufel anschreien,
entscheide ich mich für Ja, Nein, ich mein' Jein!
Soll ich's wirklich machen, oder lass ich's lieber sein? Jein ....

Quelle: Fettes Brot, Jein, 1996.

Dolly und andere Klone

Ethische Dilemmata

>> *Das erste geklonte Tier war das Schaf Dolly, das 1996 in Schottland geboren wurde. Mittlerweile ist die Technik jedoch schon viel weiter.*

Nina war gerade mit ihrem Hund Benni beim Tierarzt. Dieser hat festgestellt, dass Benni Krebs hat und bald eingeschläfert werden muss. Nina setzt sich zu Hause an den Rechner, und sucht eine Therapie für den Hund. Sie findet zwar keine Hilfe für Benni, stößt aber auf einen interessanten Artikel, der vielleicht einen Ausweg aufzeigt.

Nina schöpft Hoffnung: Sie könnte Genmaterial von Benni einfrieren und einen genetisch gleichen Hund klonen lassen (sofern das irgendwie bezahlbar wäre). Doch wäre ein Welpe dasselbe wie Benni?

Ehepaar lässt toten Labrador klonen

Klonen bedeutet, dass ein genetisch identischer Nachfolger eines Lebewesens erzeugt wird. Das macht sich die Firma BioArts International in San Francisco zu Nutze: Sie hat den Labrador eines amerikanischen Ehepaares geklont, das Genmaterial seines verstorbenen Tieres für eine solche Gelegenheit eingefroren hatte. Dieses Beispiel aus dem Jahr 2008 ist nicht das erste, schon mehrfach in den vergangenen Monaten hatte BioArts von derartigen Vorgängen berichtet. Doch nun soll das Geschäft mit den geklonten Vierbeinern auch kommerziell betrieben werden. Tierschützer warnen jedoch davor, Tiere zu klonen: Häufig sind die geklonten Nachkommen nicht gesund und sterben früh. Das erste Klonschaf Dolly musste schon im Alter von sechs Jahren eingeschläfert werden, nachdem es Krankheiten bekam, die normalerweise erst im Alter auftreten. Es wird nun diskutiert, ob das Klonen von Tieren ethisch vertretbar ist.

Klon – Klon – Klon – echt?
Foto: © Werner/PIXELIO

↗ Wie würdest du Ninas Dilemma beschreiben?

↗ Wäre der „neue" Benni in jedem Fall derselbe Hund wie der jetzige? Bedenke, dass es nicht nur die Gene sind, die unser Wesen bestimmen, sondern dass auch die Umgebung, in der wir leben, Einfluss auf uns hat.

↗ Glaubst du, dass es möglich wäre, zwei gleiche Menschen zu klonen?

„Blueprint"

Ethische Dilemmata

> Da man schon Tiere klonen kann, ist der Schritt zum Klonen von Menschen nicht weit. Das Buch „Blueprint – Blaupause" von Charlotte Kerner beschäftigt sich mit dieser Möglichkeit.

Irgendwann in der Zukunft: Die hochbegabte Komponistin **Iris Sellin** ist unheilbar krank und kinderlos. Damit ihr Talent nicht mit ihr aus der Welt verschwindet, lässt sie sich klonen. Iris und ihre Tochter **Siri** sind damit eineiige Zwillinge und zugleich Mutter und Kind. Siri wächst in einer Beziehung auf, die es so zwischen zwei Menschen noch nie gegeben hat. Als Kopie, als Blueprint ihrer Mutter, lebt sie mit einem vorgegebenen Leben und dem Auftrag, Iris und ihr Talent unsterblich zu machen. – Was aber bedeutet ein solches Leben für das Original und die Kopie? Wer ist hier Ich und wer Du, wer frei und wer Sklave des anderen?

Literaturtipp

Kerner, Charlotte:
Blueprint – Blaupause.
Beltz, 2008.
ISBN 978-3-407-74102-8

- Vor welchem Dilemma steht Iris, als sie erfährt, dass sie an der unheilbaren Krankheit Multiple Sklerose leidet?

- Könnt ihr die Entscheidung nachvollziehen, sich unter dieser Voraussetzung klonen zu lassen?

- Könnt ihr euch Voraussetzungen vorstellen, z.B. bestimmte Talente weiterzugeben, wie es in diesem Fall geschildert wird, unter denen ihr das Klonen von Menschen befürworten würdet?

- Versetze dich an Siris Stelle: Wie würdest du dich deiner Mutter gegenüber verhalten, wenn du die Wahrheit erfährst? Schreibe einen Tagebucheintrag, in dem du deine Gedanken und Gefühle deutlich machst. Überlege dir, wie dein Leben weitergehen könnte.

Zum Weiterarbeiten

Besorgt euch die Verfilmung des Buches, und schaut sie euch gemeinsam an. Habt ihr das Verhalten Siris so erwartet? Könnt ihr es nachvollziehen?
Schreibt in Stichworten auf, wie der Film weitergehen könnte, und diskutiert in der Gruppe darüber.

Rettungsgeschwister 1/2

Ethische Dilemmata

> Mit Hilfe der Präimplantationsdiagnostik können bei Embryonen bestimmte genetische Eigenschaften bestimmt werden. Das kann bei einer künstlichen Befruchtung auch stattfinden, bevor eine befruchtete Eizelle der Mutter eingesetzt wird. Diese Möglichkeit kann z.B. genutzt werden, um Kinder mit ganz bestimmten genetischen Eigenschaften zu gewinnen.

Geschwister als Ersatzteil-Lieferanten

Eltern mit einem schwerkranken Kind können per künstlicher Befruchtung ein Geschwisterkind zeugen und auswählen, das sich als Zell- und Organspender eignet. Dafür stimmten die britischen Abgeordneten nach einer hitzigen Debatte im Parlament. Glück für die Kranken – oder eine Horrorvision?

Stellen Sie sich vor, ein krankes Kind braucht dringend eine Stammzellspende. Doch den passenden Spender zu finden, ist extrem schwierig, die Eltern selbst eignen sich fast nie. Geschwister könnten dagegen helfen, wenn denn ihr Erbgut dem des Kranken in einigen Punkten genug ähnelt. Und jetzt stellen sie sich vor, dass die Eltern dieses Geschwisterkind gezielt durch eine künstliche Befruchtung erzeugen – den perfekten Spender einfach aus einer Reihe Embryonen auswählen. Ein Wunder für die Eltern und das kranke Kind? Oder ein Albtraum für die Gesellschaft, weil der jüngere Nachwuchs nicht um seiner selbst willen, sondern zum Spenderzweck gezeugt wird?

Die britischen Abgeordneten sehen dieses Verfahren offensichtlich als Chance: Am 19. Mai stimmte das Unterhaus dafür, dass das bisher bestehende Verbot zum Erzeugen von Retter-Kindern aufgehoben wird. Wenn das neue Gesetz über Embryonen und künstliche Befruchtung („Human Fertilisation and Embryology Bill") Anfang 2009 in dieser Form in Kraft treten sollte, können Mediziner also auf Wunsch der Eltern Embryonen selektieren.

So erzeugen Ärzte ein „Retter-Kind"

Für ein Retter-Kind werden, wie bei jeder anderen künstlichen Befruchtung, Eizellen der Mutter mit Spermien des Vaters verschmolzen. Anschließend prüfen Forscher, welcher Embryo dem erkrankten Kind genetisch am ähnlichsten ist. Dieser Embryo wird dann in die Gebärmutter der Frau eingepflanzt und normal ausgetragen. Später kann dann das Nabelschnurblut des Neugeborenen oder eine Knochenmark-Spende zur Heilung des Geschwisterkindes verwendet werden.

Vom Nabelschnurblut bis zur Niere?

Es ist ein erster Schritt zum Designerbaby, zum gezielt gewählten Nachwuchs. Nur dass das Kind nicht, was heutzutage zum Glück auch unmöglich ist, nach Intelligenz, Schönheit oder anderen Kriterien gewählt wird, sondern nach der Passform des Geschwisterkindes. In vielen Ländern ist diese Auswahl-Technik, die so genannte Präimplantationsdiagnostik (PID), verboten auch in Deutschland. Befürworter der „Retter-Kinder" sehen einen Nutzen für alle Beteiligten: Die Eltern, die – so nimmt man an – sowieso noch ein Kind mehr möchten – bekommen dieses. Das kranke Kind wird geheilt. Und das „Retter-Kind" – nun ja – das nimmt zumindest keinen Schaden. Zunächst einmal. Denn die Verwendung von ein wenig Nabelschnurblut, aus dem Stammzellen gewonnen werden, tut niemandem weh, auch nicht dem Spender.

Die Frage ist allerdings, ob es dabei bleibt. Im Gesetzesentwurf ist nämlich nicht nur von Nabelschnurblut-Stammzellen und Knochenmark die Rede, es stehen da auch die zwei Wörter „other

Rettungsgeschwister 2/2

Ethische Dilemmata

tissue": anderes Gewebe. Werden in Zukunft also jüngere Geschwister den Älteren eine ihrer Nieren überlassen müssen? Und was passiert, wenn sich ein Kind weigert? Da beruhigt es kaum, wenn Mediziner, Forscher und Betroffene betonen, dass die Eltern das „Retter-Kind" selbstverständlich ebenso lieben wie das andere. Und auch wenn man der Familie Whitaker, deren älterer Sohn durch eine Spende seines „Retter-Bruders" geheilt wurde, ihr Glück von ganzem Herzen gönnt: Es bleibt die Frage, worauf das noch hinausläuft.

Bloß die Chancen verbessert?

Eltern mit einem erkrankten Kind, schrieb ein Medizin-Ethiker Jahr 2004 im Fachblatt „Jama", hätten schon vorher Kinder in der Hoffnung gezeugt, einen kleinen Stammzellspender auf die Welt zu bringen. Die Chance dafür liegt bei Geschwistern allerdings nur bei eins zu vier. Per Präimplantationsdiagnostik steigt sie immerhin weit über 90 Prozent. In Chicago behandelten Mediziner zwischen 2002 und 2003 neun Paare, die ein „Retter-Kind" haben wollten. In dieser Zeit erzeugten sie 199 Embryonen, von denen etwa ein Viertel dem kranken Geschwisterkind genetisch ausreichend ähnelten. 28 Embryonen wurden den Frauen eingepflanzt und schließlich fünf Kinder geboren. Man benötigt also genug Embryonen, aus denen die Mediziner auswählen. Und was passiert mit den aussortierten? Sie werden im Zweifelsfall auf Eis gelagert. Oder gleich zerstört. Nach dem Gesetzentwurf soll die Präimplantationsdiagnostik nicht nur genutzt werden, um Retter-Kinder auszuwählen, sondern auch, um Embryonen, bei denen schwere genetische Defekte erkennbar sind, auszusortieren. Auch hier regt sich Protest: So kündigten beispielsweise taube Paare bereits an, dass sie dann auch die Möglichkeit haben sollten, den Embryo zu wählen, aus dem ein ebenfalls taubes Kind heranwachsen kann. Diese Desginerbabys soll das neue Gesetz allerdings verbieten.

Quelle: www.stern.de/wissenschaft/mensch/:K%FCnstliche-Befruchtung-Geschwister-Ersatzteil-Lieferanten/620951.html

---

➤ Setzt euch zu zweit zusammen: Sucht gemeinsam aus dem Text die Argumente heraus, die für und gegen die Möglichkeiten der PID angeführt werden. Schreibt gemeinsam eine Pro-Contra-Argumentation zu dem Thema: „Sollte die Präimplantationsdiagnostik in Deutschland erlaubt werden, um Geschwisterkinder retten zu können?"

➤ Versetzt euch an die Stelle der Eltern eines „Rettungsbabys": Würdet ihr euren Kindern von den Bedingungen erzählen, unter denen sie gezeugt wurden?

➤ Am Ende des Textes wird gesagt, dass taube Eltern angekündigt haben, mit Hilfe der PID ein Kind auszusuchen, das ebenfalls taub ist. Welche Gründe könnte es für sie geben, vorsätzlich ein Kind mit einer Behinderung auszuwählen?

➤ Kann man Einschränkungen dafür angeben, in welchen Fällen oder zu welchem Zweck die PID angewendet werden darf und wann und wozu nicht?

Zustimmung zu einer Organentnahme 1/2

Ethische Dilemmata

>> *Nach dem Tod können die Organe eines Menschen häufig noch das Leben anderer retten. Nur wer entscheidet, ob eine Spende in Frage kommt?*

Martin saß zusammen mit seinen Klassenkameraden **Tim** und **Nils** im Aufenthaltsraum für Ärzte an der Uniklinik. Sie sollten für ein Schulprojekt herausfinden, warum es einen eigenen „Tag der Organspende" gibt. Dazu hatten sie ein Interview mit dem Arzt Dr. Schmidt vereinbart, der ihnen alles zu dem Thema Organspende und Transplantationen erklären wollte.

Martin: *„Was bedeutet der Begriff ‚Organtransplantation' eigentlich?"*

Dr. Schmidt: *„Das ist eine Operation, während der ein gesundes Organ von einem Spender einem Empfänger transplantiert, d.h. übertragen, wird. Meistens stammen die Organe von Toten, die z.B. bei einem Unfall gestorben sind und einen Organspendeausweis bei sich trugen. Dort steht drin, dass sie einverstanden sind, dass nach ihrem Tod ihre Organe entnommen und Kranken eingesetzt werden dürfen."*

Tim: *„Warum muss man überhaupt Organe verpflanzen?"*

Dr. Schmidt: *„Es gibt Krankheiten, bei denen die Organe so schwer beschädigt werden, dass sie ihre Aufgaben im Körper nicht mehr erfüllen können. Z.B. können durch einen Unfall die Nieren so verletzt werden, dass sie das Blut nicht mehr richtig reinigen können. Dann muss das eine Maschine erledigen, und der Patient muss regelmäßig, manchmal mehrmals in der Woche, ins Krankenhaus und den ganzen Nachmittag eine Blutwäsche machen lassen. Dialyse heißt das. Solchen Menschen kann nur geholfen werden, indem sie eine Spenderniere bekommen."*

Martin: *„Kann man diese Organe nicht künstlich herstellen?"*

Dr. Schmidt: *„Viele Wissenschaftler forschen daran: Es gibt z.B. schon künstliche Herzen, die aber noch nicht so gut funktionieren, wie sie sollten. Bei anderen Organen ist noch nicht mal ein Versuch in Sicht, z.B. bei der Lunge. Da helfen nur Spenderorgane."*

Nils: *„Welche Organe kann man überhaupt transplantieren?"*

Dr. Schmidt: *„Das sind zunächst einmal die, von denen man häufig in den Nachrichten hört: Herz, Leber, Niere, Lunge und Teile des Darms. Aber auch die Hornhaut der Augen kann transplantiert werden, genauso wie Haut, Knochengewebe oder Gehörknöchelchen."*

Martin: *„Wie läuft so eine Transplantation ab? Werden die Spenderorgane hier im Krankenhaus dem Toten entnommen und dann sofort Kranken eingesetzt?"*

Dr. Schmidt: *„So einfach ist das leider nicht. Nicht jeder Spender und jeder Empfänger passen zusammen. Nach dem Tod eines Menschen, der sich mit der Organspende einverstanden erklärt hat, werden erst einmal Blut- und Gewebeproben untersucht, es muss ja auch sichergestellt werden, dass der Spender nicht krank war. Die Ergebnisse werden dann an eine Vermittlungsstelle gesendet, die heißt Eurotransplant und sitzt in den Niederlanden. Dort werden Listen mit Patienten aus vielen europäischen Ländern geführt, die alle auf eine Organspende warten. Die Daten der Spenderorgane werden dann mit denen der Wartenden verglichen."*

Tim: *„Das hört sich sehr kompliziert an."*

Dr. Schmidt: *„Stimmt. Aber so ist sichergestellt, dass die kostbaren Organe bei denen landen, zu denen sie passen und die sie am dringendsten brauchen. Und es wird auch verhindert, dass Geschäfte mit den Organen gemacht werden können."*

Zustimmung zu einer Organentnahme 2/2

Ethische Dilemmata

Nils: *„Kann ich auch Organspender werden?"*

Dr. Schmidt: *„Ja, wenn du 16 Jahre alt bist, kannst du selbst entscheiden, ob du Organspender sein willst; du musst nur einen Organspendeausweis ausfüllen, in dem du dich mit einer Organentnahme nach deinem Tod einverstanden erklärst. Hier kannst du auch angeben, wenn du nur der Entnahme von bestimmten Organen zustimmst. Manche Leute möchten z.B. nicht, dass ihnen das Herz entnommen wird. Das kann man dann auf dem Organspendeausweis vermerken. Bevor du 16 bist, dürfen deine Eltern für dich entscheiden."*

Martin: *„Und was ist, wenn einer keinen Ausweis dabei hat?"*

Dr. Schmidt: *„Nun, dann ist es die Entscheidung der nächsten Angehörigen, ob sie der Entnahme der Organe für eine Transplantation zustimmen. Oft wissen sie jedoch gar nicht, was sie in einer solchen Situation tun sollen: Ihnen ist bewusst, wie wichtig die Organe für uns sind, haben aber Angst, den Willen des Verstorbenen zu missachten. Viele Menschen möchten ihre Organe nämlich nicht spenden, z.B. aus religiösen Gründen: Ältere Menschen hängen oft noch der Tradition an, dass ein Leichnam möglichst unversehrt beerdigt werden soll. Andere haben Angst, dass sie zu schnell für tot erklärt werden, um an Organspenden zu kommen. Diese Sorge ist allerdings unbegründet, da zwei Ärzte unabhängig voneinander den Tod feststellen müssen, ehe an eine Organentnahme überhaupt gedacht werden darf."*

Nils: *„Muss das denn überhaupt sein? Ich meine, wenn gerade ein Angehöriger von mir gestorben wäre, würde ich nicht gerne mit einem Arzt über Organe von ihm reden."*

Dr. Schmidt: *„Da hast du sicher Recht. Aber leider haben wir viel zu wenige Spenderorgane, Patienten warten z.B. im Schnitt fünf Jahre auf eine Niere. Viele sterben, bevor ein passender Spender für sie gefunden wird. Da bleibt uns Ärzten nur die Wahl, Angehörige vor den Kopf zu stoßen oder auf die Organe zu verzichten. Nicht zuletzt aus diesem Grund wünsche ich mir, dass möglichst viele Menschen Organspender werden."*

Tim: *„Ich habe mal von ‚Lebendspenden' gelesen, was ist das?"*

Dr. Schmidt: *„Jeder hat z.B. zwei Nieren, von denen er nur eine braucht. Von denen darf man eine spenden, wenn der Empfänger ein naher Angehöriger ist. Oder man kann jemandem ein Stück von der Leber ohne schwere Folgen entnehmen. Sogar eine einfache Blutspende ist so was Ähnliches wie eine kleine Organspende."*

Martin: *„Was halten Sie vom ‚Tag der Organspende'?"*

Dr. Schmidt: *„Der Tag ist eine gute Möglichkeit, um immer wieder auf unser Anliegen aufmerksam zu machen."*

Martin: *„Dr. Schmidt, wir danken Ihnen für dieses Gespräch."*

- Schreibt für Martin, Nils und Tim eine Reportage für die Schülerzeitung zum Thema „Organtransplantation". Verwendet dazu die Informationen aus dem Text. Weitere findet ihr im Internet, z.B. unter www.organspende-info.de oder www.organspende.de Berücksichtigt in dem Artikel besonders, in welchem Dilemma sich Ärzte und Angehörige befinden.

- In anderen Ländern gibt es bei der Organspende keine „Zustimmungsregelung" wie in Deutschland, sondern eine „Widerspruchsregelung". Das bedeutet, dass jedem Toten die Organe entfernt werden dürfen, es sei denn, sie widersprechen schriftlich einer Entnahme. Diskutiert in der Gruppe: Was haltet ihr von so einer Regelung?

Organspende – Schattenkind 1/2

Ethische Dilemmata

Eine Möglichkeit, Organe zu spenden, ist die so genannte „Lebendspende": Ein gesunder Spender kann erklären, dass er z.B. eine seiner Nieren einem Kranken überlässt. Um auszuschließen, dass mit den Organen Handel betrieben wird, gibt es für diese Form der Organspenden strenge Bedingungen: Der Spender muss ein enger Angehöriger (Mutter/Vater, Bruder/Schwester, Sohn/Tochter, Ehepartner), Lebenspartner oder Freund des Empfängers sein, er muss volljährig sein, der Spende freiwillig zustimmen und sich über die physischen und psychischen Folgen seiner Entscheidung im Klaren sein. Eine Kommission, der Ärzte, die nicht an der Behandlung des Spenders oder Empfängers beteiligt sind, ein Psychologe und ein Jurist angehören, muss dann überprüfen, ob alle Voraussetzungen für eine Transplantation eingehalten worden sind. Erst nachdem diese Kommission zugestimmt hat, kann eine Lebendspende durchgeführt werden.

Wie kompliziert für alle Beteiligten eine solche Situation werden kann, zeigt ein Film, in dem der Jugendliche **Lasse** *seinem Bruder* **Lukas** *ein Stück seiner Leber spenden will, dafür jedoch seine Karriere als Turmspringer aufs Spiel setzt.*

Organ für den Bruder

DRAMA. Der 14. Fall des TV-Psychologen Bloch packt erneut heißes Eisen an: „Schattenkind".

HAMBURG. Leistungssportler Lasse Hilversum und sein krebskranker Zwillingsbruder Lukas stehen an ihrem 18. Geburtstag vor der schwersten Entscheidung ihres Lebens. Ohne Spenderorgan hat Lukas nur noch wenige Monate zu leben. Familie und Ärzte erwarten, dass Lasse als Lebendspender zur Verfügung steht. Die Einwilligungen liegen bereits vor, auch das Gutachten des Psychologen scheint nur noch eine Formsache zu sein. Doch der Klinikpsychologe stellt sich quer. In seinem 14. Fall „Bloch: Schattenkind" ist Gutachter Maximilian Bloch (Dieter Pfaff) lange Zeit der Einzige, der sich für das Schicksal des jungen Spenders interessiert. Das Psychodrama von Silke Zertz (Buch) und Christoph Stark (Regie) handelt von einer Familie, in der sich alles um den kranken Lukas dreht. Sein Zwillingsbruder (Florian Bartholomäi, der beide Brüder spielt) wird zum „Schattenkind" und muss früh selbstständig werden. Lasse habe die Familie unterstützt, wo er konnte, berichtet sein Vater. Als Lukas eine Transplantation brauchte, habe er sich sofort bereit erklärt, ein Stück von seiner Leber zu spenden. Bloch soll die seelische Stabilität des Spenders und die Freiwilligkeit der Entscheidung bescheinigen. Der Gutachter sieht, dass sein Schützling unter einem enormen psychischen Druck steht. Er entschließt sich, die Zustimmung zu verweigern. Der nachdenklich stimmende Film ist außerordentlich spannend erzählt. Der Autorin ist es ein spürbares Anliegen, vom Leid der Angehörigen zu erzählen, die meist alleingelassen werden, besonders, wenn sie als Spender vorgesehen sind. Der Regisseur zeigt, dass auch Bloch von Schuldgefühlen gequält wird.

Quelle: www.derwesten.de/nachrichten/panorama/2009/1/6/news-103027372/detail.html

Organspende – Schattenkind 2/2

Ethische Dilemmata

- Beschreibe das Dilemma, in dem sich Lasse und der Psychologe Bloch befinden. Welche Gründe könnte es für Lasse bzw. für den Psychologen geben, der Spende nicht zuzustimmen?

- Im Laufe des Films stellt sich heraus, dass Lukas wohl nicht mehr genug Zeit hat, auf ein anderes Spenderorgan zu warten. Können Lasse und Bloch in dieser Situation immer noch die Spende verweigern?

- Neben dem offiziellen Weg der Organspende nach dem Tod und der Lebendspende gibt es einen „Schwarzmarkt" für Organe: Da es viel zu wenige Spenderorgane gibt, kaufen Kriminelle Organe von Toten oder sogar Nieren noch lebender Menschen in Entwicklungsländern, die das Geld zum Überleben dringend brauchen. Diese Organe werden dann an Wartende verkauft und in Kliniken im Ausland, in denen nicht so streng wie in Europa kontrolliert wird, wo die gespendeten Organe herkommen, transplantiert. Die Händler rechtfertigen ihre Aktivitäten damit, dass sie sowohl den Spendern mit dem Geld helfen, als auch den Empfängern das Leben retten, da sie auf legalem Weg vermutlich nicht schnell genug ein Organ erhalten würden. Was haltet ihr von dieser Argumentation?

- Diskutiert in der Gruppe: Sollte der Handel mit Organen offiziell erlaubt und von einer Behörde geregelt werden, um den „Schwarzhandel" zu unterbinden?

Wie soll ich mich entscheiden?

Krieg gegen den Terror 1/2

Ethische Dilemmata

>> *An die Bilder des 11.09.2001 erinnert sich wohl jeder: Zwei von Selbstmordattentätern gesteuerte Flugzeuge zerstörten das World Trade Center in New York. Im Folgenden wurde auch in Deutschland diskutiert, wie man sich in einem vergleichbaren Fall verhalten sollte.*

Mike und **Guido** haben einen Film über die Terroranschläge gesehen. In der folgenden Diskussion wurde die Frage aufgeworfen, was passieren würde, wenn in Deutschland ein Flugzeug entführt und Kurs auf eine Großstadt oder ein Atomkraftwerk nehmen würde. Dürfte man in so einem Fall das Flugzeug abschießen, um Schlimmeres zu verhindern? Mike ist für einen Abschuss, Guido dagegen. Um sich darüber zu informieren, wie andere diese Situation beurteilen, recherchieren sie im Internet und finden ein Forum zu dem Thema.

Vom World Trade Center blieb nach den Anschlägen vom 11. September nur noch Asche übrig.

Foto: © www.wikipedia.de

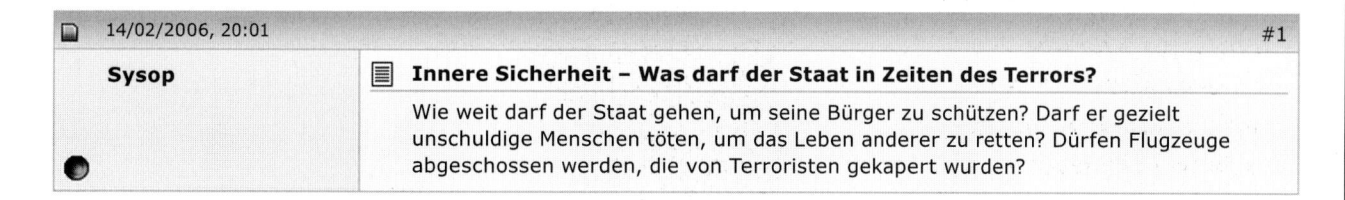

14/02/2006, 20:01 #1

Sysop

📄 **Innere Sicherheit – Was darf der Staat in Zeiten des Terrors?**

Wie weit darf der Staat gehen, um seine Bürger zu schützen? Darf er gezielt unschuldige Menschen töten, um das Leben anderer zu retten? Dürfen Flugzeuge abgeschossen werden, die von Terroristen gekapert wurden?

14/02/2006, 23:14 #8

Pavlos

📄 **Abschuss gar nicht möglich**

Um mal ganz offen zu sein, ich habe nicht die geringste Ahnung, wie weit ein Staat diesbezüglich gehen darf oder soll.

Aber eines ist Fakt: Es würde nichts bringen !

Das Problem ist (und wird es immer sein): Was die Terroristen genau vorhaben und welches Ziel diese ansteuern, weiß man immer erst hinterher.

Selbst wenn schnell ersichtlich wäre, welches Ziel und in welchem Ausmaß der Schaden entstehen könnte, bezweifel ich, dass man das Flugzeug überhaupt rechtzeitig abschießen kann. […]

15/02/2006, 00:51 #10

Rolli

📄

[…] Nach unseren und den überwiegenden europäischen Rechtsnormen ist die vorsätzliche Tötung eines Menschen Mord. Wer also die vorsätzliche Tötung von Menschen befiehlt ist ein Mörder, ebenso wie der, der diese ausführt.

Dilemmageschichten mit Arbeitsanregungen für Jugendliche

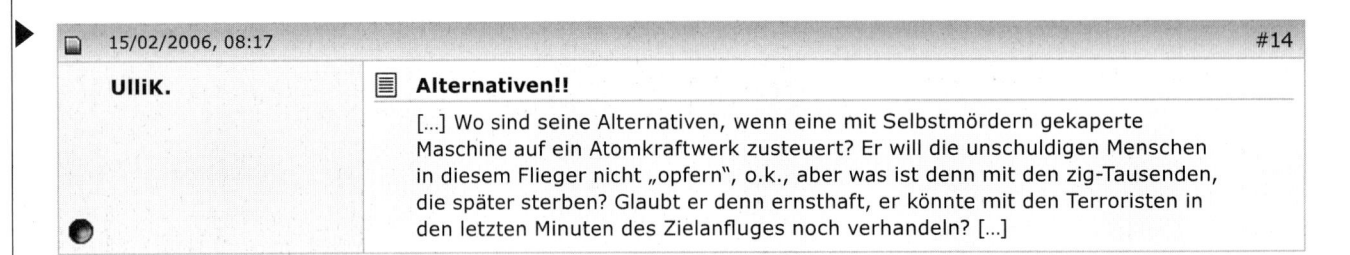

Krieg gegen den Terror 2/2

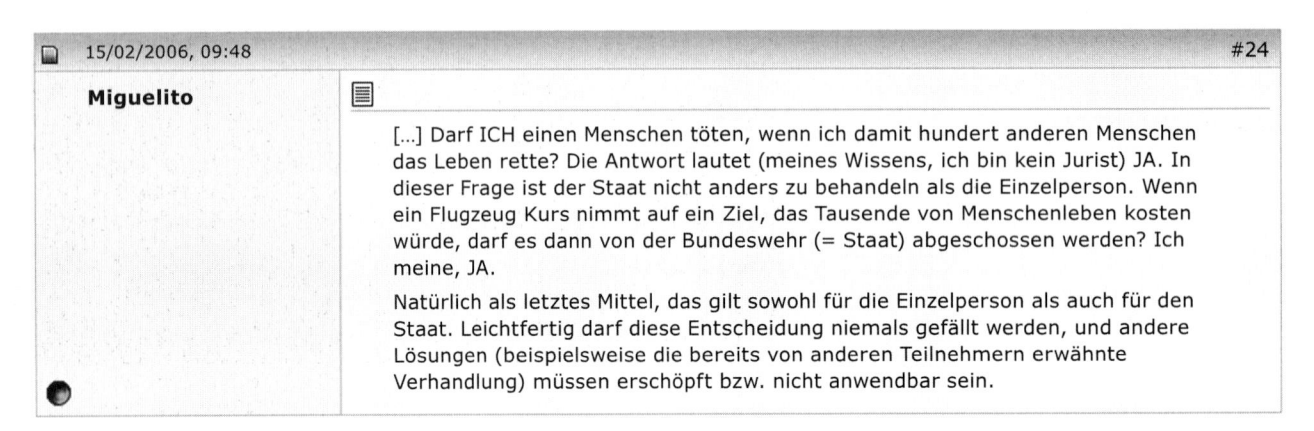

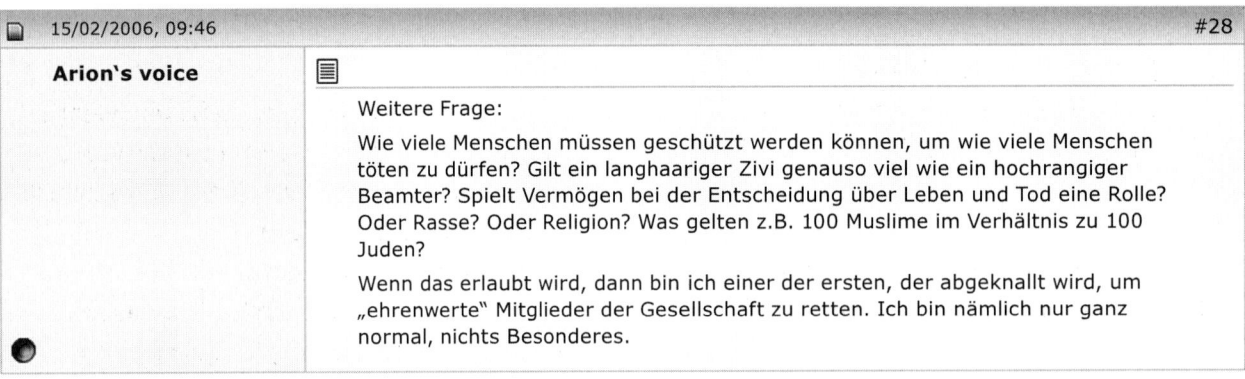

Ethische Dilemmata

15/02/2006, 08:17 — #14

UlliK.

Alternativen!!

[...] Wo sind seine Alternativen, wenn eine mit Selbstmördern gekaperte Maschine auf ein Atomkraftwerk zusteuert? Er will die unschuldigen Menschen in diesem Flieger nicht „opfern", o.k., aber was ist denn mit den zig-Tausenden, die später sterben? Glaubt er denn ernsthaft, er könnte mit den Terroristen in den letzten Minuten des Zielanfluges noch verhandeln? [...]

15/02/2006, 09:48 — #24

Miguelito

[...] Darf ICH einen Menschen töten, wenn ich damit hundert anderen Menschen das Leben rette? Die Antwort lautet (meines Wissens, ich bin kein Jurist) JA. In dieser Frage ist der Staat nicht anders zu behandeln als die Einzelperson. Wenn ein Flugzeug Kurs nimmt auf ein Ziel, das Tausende von Menschenleben kosten würde, darf es dann von der Bundeswehr (= Staat) abgeschossen werden? Ich meine, JA.

Natürlich als letztes Mittel, das gilt sowohl für die Einzelperson als auch für den Staat. Leichtfertig darf diese Entscheidung niemals gefällt werden, und andere Lösungen (beispielsweise die bereits von anderen Teilnehmern erwähnte Verhandlung) müssen erschöpft bzw. nicht anwendbar sein.

15/02/2006, 09:46 — #28

Arion's voice

Weitere Frage:

Wie viele Menschen müssen geschützt werden können, um wie viele Menschen töten zu dürfen? Gilt ein langhaariger Zivi genauso viel wie ein hochrangiger Beamter? Spielt Vermögen bei der Entscheidung über Leben und Tod eine Rolle? Oder Rasse? Oder Religion? Was gelten z.B. 100 Muslime im Verhältnis zu 100 Juden?

Wenn das erlaubt wird, dann bin ich einer der ersten, der abgeknallt wird, um „ehrenwerte" Mitglieder der Gesellschaft zu retten. Ich bin nämlich nur ganz normal, nichts Besonderes.

Auszug aus: http://forum.spiegel.de/showthread.php?t=329

➤ Setzt euch zu zweit zusammen, und bestimmt, wer Mikes und wer Guidos Position vertreten soll. Sammelt Argumente für eure Überzeugung, und führt eine Diskussion zwischen den beiden. Kommt ihr zu einem befriedigenden Ergebnis?

➤ Stellt euch vor, ihr solltet der Regierung als Gesamtgruppe eine Empfehlung für ein Verhalten in dieser Situation geben. Wie würde diese aussehen?

➤ Die Bundesregierung hatte 2005 ein Gesetz erlassen, in dem erlaubt wurde, Flugzeuge, die eine Gefahr darstellen, abzuschießen. Das Bundesverfassungsgericht hob dieses Gesetz jedoch ein Jahr später mit der Begründung auf, dass dieses Gesetz gegen den Artikel 1 des Grundgesetzes verstoße: „Die Würde des Menschen ist unantastbar. Sie zu achten und zu schützen, ist Verpflichtung aller staatlichen Gewalt." Was haltet ihr von diesem Urteil?

Machtmissbrauch 1/2

Ethische Dilemmata

>> *In dem Drama **„Wilhelm Tell"** beschreibt Friedrich Schiller, wie der Landvogt (= oberster Adliger der Kantone Schwyz und Uri im Mittelalter, der diktatorisch die militärische und rechtliche Macht ausübt) Gessler die Macht über seine Untertanen demonstriert, indem er Wilhelm Tell zu einer unmenschlichen Mutprobe zwingt.*

Der Tellschuss – aus: Illustrierte Literaturgeschichte (1880)
Abbildung: © www.wikipedia.de

Gessler *(nach einigem Stillschweigen):*
  Du bist ein Meister auf der Armbrust, Tell,
  Man sagt, du nähmst es auf mit jedem Schützen?

Walter Tell:
  Und das muss wahr sein, Herr – 'nen Apfel schießt
  Der Vater dir vom Baum auf hundert Schritte.

Gessler:
  Ist das dein Knabe, Tell?

Tell:
  Ja, lieber Herr.

Gessler:
  Hast du der Kinder mehr?

Tell:
  Zwei Knaben, Herr.

Gessler:
  Und welcher ist's, den du am meisten liebst?

Tell:
  Herr, beide sind sie mir gleich liebe Kinder.

Gessler:
  Nun, Tell! Weil du den Apfel triffst vom Baume
  Auf hundert Schritte, so wirst du deine Kunst
  Vor mir bewähren müssen – Nimm die Armbrust –
  Du hast sie gleich zur Hand –
    und mach' dich fertig,
  Einen Apfel von des Knaben Kopf zu schießen –
  Doch will ich raten, ziele gut, dass du
  Den Apfel treffest auf den ersten Schuss,
  Denn fehlst du ihn, so ist dein Kopf verloren.

(Alle geben Zeichen des Schreckens.)

Tell:
  Herr – Welches Ungeheure sinnet Ihr
  Mir an – Ich soll vom Haupte meines Kindes –
  – Nein, nein doch, lieber Herr,
    das kömmt Euch nicht
  Zu Sinn – Verhüt's der gnäd'ge Gott –
    das könnt Ihr
  Im Ernst von einem Vater nicht begehren!

Gessler:
  Du wirst den Apfel schießen von dem Kopf
  Des Knaben – Ich begehr's und will's.

Dilemmageschichten
mit Arbeitsanregungen für Jugendliche

Machtmissbrauch 2/2

Ethische Dilemmata

Tell:
Mit meiner Armbrust auf das liebe Haupt
Des eignen Kindes zielen? – Eher sterb' ich!

Gessler:
Du schießest oder stirbst m i t deinem Knaben.

[...]

(Indem sich alle nach dieser Seite gewendet, hat Tell den Pfeil abgedrückt.)

Rösselmann:
Der Knabe lebt!

Viele Stimmen:
Der Apfel ist gefallen!
[...]

Gessler:
Du stecktest
Noch einen zweiten Pfeil zu dir – Ja, ja,
Ich sah es wohl – Was meintest du damit?

Gessler und Tell, Illustration aus dem Jahre 1880
Abbildung: © www.wikipedia.de

Tell *(verlegen)*:
Herr, das ist bräuchlich bei den Schützen.

Gessler:
Nein, Tell, die Antwort lass' ich dir nicht gelten;
Es wird was anders wohl bedeutet haben.
Sag mir die Wahrheit frisch und fröhlich, Tell!
Was es auch sei, dein Leben sichr' ich dir.
Wozu der zweite Pfeil?

Tell:
Wohlan, o Herr,
Weil Ihr mich meines Lebens habt gesichert,
So will ich Euch die Wahrheit gründlich sagen.

(Er zieht den Pfeil aus dem Koller [= Köcher] und sieht den Landvogt mit einem furchtbaren Blick an.)

Mit diesem zweiten Pfeil durchschoss ich – Euch,
Wenn ich mein liebes Kind getroffen hätte,
Und Euer – wahrlich! hätt' ich nicht gefehlt.

Gessler:
Wohl, Tell! Des Lebens hab ich dich gesichert,
Ich gab mein Ritterwort, das will ich halten –
Doch weil ich deinen bösen Sinn erkannt,
Will ich dich führen lassen und verwahren,
Wo weder Mond noch Sonne dich bescheint,
Damit ich sicher sei vor deinen Pfeilen.
Ergreift ihn, Knechte! Bindet ihn!

(Friedrich Schiller, „Wilhelm Tell", 3. Aufzug, 3. Szene)

➚ Stelle dir vor, du wärst der Junge Walter Tell. Berichte deiner Mutter, was an diesem Nachmittag passiert ist.

➚ Diskutiert in der Gruppe: Welche Möglichkeiten, zu reagieren, hätte Wilhelm Tell gehabt? Was haltet ihr von seiner Entscheidung?

➚ Welchen Vorteil hat Gessler, wenn er einen seiner Untertanen in eine solche Situation bringt?

➚ Was hätten die Umstehenden tun können (dabei müsst ihr bedenken, dass Gessler von einer Gruppe Bewaffneter begleitet wird)?

➚ Sammelt weitere Beispiele, in denen jemand seine Macht missbraucht. Unterscheidet dabei in welchem Bereich das geschieht (Schule, Freizeit, Familie, Politik). Welche Möglichkeiten gibt es, solchem Machtmissbrauch vorzubeugen?

Darf Hannah sterben?

Ethische Dilemmata

*Der Fall **Hannah** hat Ende Dezember 2008 ganz England in Aufregung versetzt: Darf ein 13-jähriges Mädchen selbst entscheiden, ob es eine lebensrettende Herzoperation durchführen lässt?*

13-Jährige darf sterben

Die 13-jährige Hannah aus England hat durchgesetzt, dass sie sterben darf. Das Mädchen will nicht länger im Krankenhaus behandelt werden. Sie wisse, dass sie sterben müsse, erklärte sie den zuständigen Behörden. Trotzdem wolle sie auf eine Herzoperation verzichten. Sie sehne sich nach ihrer Familie und wolle nur zu Hause sein.

Hannah hat die letzten zehn Jahre mehr oder weniger im Krankenhaus zugebracht. Sie litt an Leukämie (Blutkrebs) und musste mehrere Chemotherapien hinter sich bringen. Nach diesen Behandlungen mit sehr starken Medikamenten war der Krebs besiegt, aber das Herz geschädigt. Es pumpt nur noch mit einem Zehntel der Kraft, die ein normales Herz hat. Die Ärzte wollten Hannah deshalb ein neues Herz einpflanzen.

Diese Operation könnte ihr Leben retten, sagen sie. Aber Hannah lehnte diesen Vorschlag ab. Daraufhin wollte das Krankenhaus das Mädchen und seine Eltern zwingen, zur Operation zu erscheinen. Notfalls sollte die Polizei sie abholen. Denn in Großbritannien darf man erst mit 16 Jahren selbst über den eigenen Körper und die Gesundheit entscheiden.

Hannah verhandelte daraufhin mit den Gesundheitsbehörden, dem Krankenhaus und einem Richter. Sie bekam die Erlaubnis, selbst über sich entscheiden zu dürfen. Seitdem ihr Fall öffentlich geworden ist, bekommt sie viel Post. Viele Briefe sind von Menschen, die als Kinder eine solche Operation gehabt haben und seitdem gesund sind. Sie alle hoffen, das Mädchen umzustimmen.

Quelle: www.sowieso.de/zeitung/spip.php?page=r_s_t_artikel&tid_article=5956

Zu diesem Artikel haben viele Leser ihre Kommentare hinterlassen. Die meisten beschäftigen sich mit Hannahs Entscheidung. Die eine Hälfte findet, dass sie richtig entschieden hat, die andere Hälfte möchte sie überreden, ihre Entscheidung zu ändern.

- Teilt euch in vier Gruppen auf, und ordnet jeder eine betroffene Person/Gruppe zu: Hannah, ihre Eltern, die Ärzte, der Richter. Sammelt Argumente für eure Position, und überlegt euch, wie ihr die gegenteilige Meinung entkräften könntet.

- Wählt je einen Vertreter aus eurer Gruppe. Diese setzen sich zu einer Diskussion zusammen, in der ihr eine Lösung für Hannahs Situation sucht. Kommt ihr zu derselben Entscheidung wie das Gericht in Großbritannien?

- Schreibt einen Brief an Hannah: Erläutert, welche Argumente in der Diskussion ausgetauscht wurden und zu welchem Ergebnis ihr gekommen seid.

Dilemmageschichten mit Arbeitsanregungen für Jugendliche

Ein Rettungsdilemma 1/2

Ethische Dilemmata

>> *Ein Dilemma, das entsteht, weil man in einer (medizinischen) Notsituation nicht alle Verletzten retten kann, nennt man Triage. Von einem besonders tragischen Ereignis berichtet der folgende Artikel.*

„Er starb 300 Meter vor der Hütte"

Es sollte eine leichte Wanderung werden, sie endete in der Katastrophe: Drei deutsche Bergsteiger sind in den österreichischen Alpen im dichten Schneetreiben in akute Not geraten. Zwei Männer brechen zusammen, der dritte muss sich entscheiden, welchen der Freunde er zur rettenden Hütte schleppt.

Salzburg – Die drei befreundeten Männer aus dem bayerischen Amberg und Umgebung hatten sich am gestrigen Nachmittag vom 2177 Meter hoch gelegenen Riemannhaus im Salzburger Pinzgau auf den Weg zum benachbarten Ingolstädter Haus aufgemacht. Nach Angaben der Bergwacht ist es eine Strecke ohne technische Schwierigkeiten oder Absturzgefahr, aber doch „eine hochalpine Wanderung". Bei gutem Wetter benötigt man ungefähr vier Stunden von der einen zur anderen Hütte – doch es war kein gutes Wetter. Die Bedingungen waren katastrophal.

„Das Wetter war extrem schlecht, und zusätzlich fing es auch noch zu schneien an", sagt Bernhard Tritscher, seit 25 Jahren bei der Bergrettung. „Sie haben die Wetterlage komplett falsch eingeschätzt."

Wegen starken Schneetreibens und tiefen Schnees kommen die Männer nur schleppend voran. „Es hat die ganze Woche geschneit hier oben, das war ihnen also bekannt", sagt Tritscher. Immer wieder sinken die Wanderer bis zum Bauch in den mehr als einen Meter tiefen Schnee. Es wird dunkel, das Schneetreiben dichter, der Sturm heftiger. Die Männer quälen sich, gehen bis an ihre äußersten Grenzen – vergeblich.

Ein Rettungsdilemma 2/2

Ethische Dilemmata

▶ 300 Meter vor dem Ziel brechen zwei der Freunde, 43 und 41 Jahre alt, zusammen. Beide können nicht mehr selbstständig gehen. Der Jüngste der Gruppe, 36 Jahre alt, muss sich entscheiden: Einen der zwei Kumpel muss er im Schnee zurücklassen. „Er konnte definitiv nur einen nehmen", sagt Tritscher. „Beide waren in gleich schlechtem Zustand." Der Mann hakt den 41-Jährigen ein, schleift ihn mit größter Mühe durch den Schnee.

Gegen 21 Uhr erreicht der Notruf die Bergrettung in Saalfelden, ausgelöst von der Familie Gruber, Pächter der Berghütte. Die beiden völlig erschöpften Wanderer haben das Ingolstädter Haus erreicht – der 41-Jährige befindet sich in lebensbedrohlichem Zustand.

„Der jüngere von beiden hat seinen erschöpften Freund unter größten Mühen durch den Schnee geschleppt. Der war so stark unterkühlt, dass er sich nicht mehr selbst fortbewegen konnte. Sein Leben stand auf der Kippe", so Tritscher.

„Für den dritten Mann kam jede Hilfe zu spät", sagt Einsatzleiter Tritscher spürbar betroffen. „Wir fanden ihn keine 300 Meter vor der Hütte, tief in den Schnee eingegraben. So einen tragischen Vorfall, dass einer so knapp vor dem Ziel ums Leben kommt, habe ich noch nie erlebt."

Die Retter erklimmen mit Geländewagen und Seilbahn den Berg und bergen den Toten. Er starb an Erschöpfung. Der Notarzt eilt zu dem Schwerverletzten. „Er litt unter starken Erfrierungen. Seine Körpertemperatur war bereits unter 30 Grad gesunken." Es sind dramatische Stunden, die sich in dieser Nacht auf der 2119 Meter hoch gelegenen Ingolstädter Hütte abspielen. „Der Notarzt konnte den Zustand des Mannes stabilisieren und hat ihm das Leben gerettet." Um 7 Uhr ist der 41-Jährige transportfähig, per Hubschrauber kann er in ein Salzburger Krankenhaus gebracht werden.

„Mittlerweile geht es ihm den Umständen entsprechend. Er schwebt nicht mehr in Lebensgefahr", haben die Ärzte dem Einsatzleiter mitgeteilt.

Quelle: www.spiegel.de/panorama/0,1518,506668,00.html

↗ Stellt euch vor, ihr wärt in der Situation des 36-Jährigen. Diskutiert mit eurem Nachbarn: Nach welchen Kriterien hättet ihr entschieden, wen ihr retten würdet?

↗ Wie würdet ihr als Frau des Verstorbenen fühlen und reagieren?

↗ Bei größeren Rettungseinsätzen müssen sich Helfer oft innerhalb weniger Minuten entscheiden, wem sie als Erstes helfen. In einigen Situationen können einfache Regeln dabei helfen, eine Entscheidung zu treffen. Beispiele dafür sind: „Frauen und Kinder zuerst", „Zivilisten haben Vorrang vor Soldaten", „Wen ich zuerst sehe, dem eile ich zuerst zu Hilfe". Versucht, weitere Regeln für solche Rettungssituationen aufzustellen.

↗ Bei Unfällen mit vielen Verletzten sollten Retter versuchen, zuerst leicht und mittelschwer Verletzten zu helfen. Die Opfer, bei denen sie nicht einschätzen können, ob sie überleben werden, müssen zurückstehen, weil ihre Behandlung zu viel Zeit und Aufwand an Helfern bedeuten würde. Was haltet ihr von dieser Regel?

↗ Helfer haben nach solchen Einsätzen häufig das Gefühl, versagt zu haben, weil sie nicht allen Verletzten helfen konnten. Opfer haben ein schlechtes Gewissen, weil sie überlebt haben, andere jedoch nicht. Was würdet ihr einem solchen Helfer/Überlebenden sagen, um ihn zu trösten?

Das Klimadilemma 1/2

Ethische Dilemmata

> Wenn du mal in einem Dilemma steckst und beim besten Willen nicht weiter weißt, kannst du im Internet Hilfe finden: **Dr. Dilemma**.

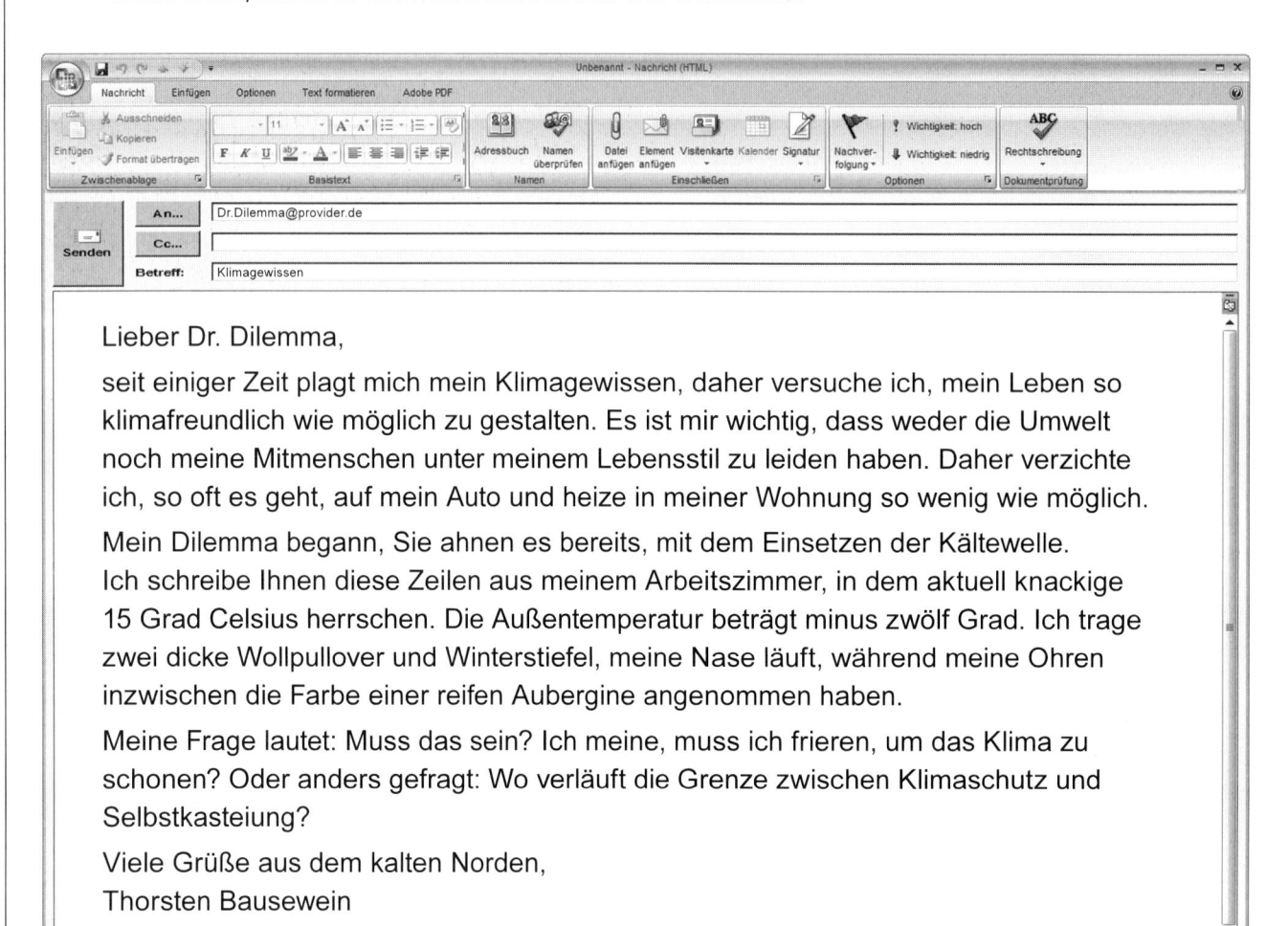

An: Dr.Dilemma@provider.de
Cc:
Betreff: Klimagewissen

Lieber Dr. Dilemma,

seit einiger Zeit plagt mich mein Klimagewissen, daher versuche ich, mein Leben so klimafreundlich wie möglich zu gestalten. Es ist mir wichtig, dass weder die Umwelt noch meine Mitmenschen unter meinem Lebensstil zu leiden haben. Daher verzichte ich, so oft es geht, auf mein Auto und heize in meiner Wohnung so wenig wie möglich.

Mein Dilemma begann, Sie ahnen es bereits, mit dem Einsetzen der Kältewelle. Ich schreibe Ihnen diese Zeilen aus meinem Arbeitszimmer, in dem aktuell knackige 15 Grad Celsius herrschen. Die Außentemperatur beträgt minus zwölf Grad. Ich trage zwei dicke Wollpullover und Winterstiefel, meine Nase läuft, während meine Ohren inzwischen die Farbe einer reifen Aubergine angenommen haben.

Meine Frage lautet: Muss das sein? Ich meine, muss ich frieren, um das Klima zu schonen? Oder anders gefragt: Wo verläuft die Grenze zwischen Klimaschutz und Selbstkasteiung?

Viele Grüße aus dem kalten Norden,
Thorsten Bausewein

Dr. Dilemma antwortet:

Lieber Thorsten Bausewein,

Ihre Frage scheint mir so gestellt, dass die Antwort offensichtlich ist, die Sie hören wollen. Diese Antwort hätten Sie von mir so oder so bekommen. Nein, Sie müssen nicht frieren, um das Klima zu schonen. Ziehen Sie als Erstes die Winterstiefel aus, und stellen Sie die Temperatur in Ihrem Arbeitszimmer so ein, dass Sie sich wieder gut fühlen, bevor Sie sich zu Ihrem Schnupfen noch Schlimmeres holen. [...]

Sie liegen grundsätzlich völlig richtig: Es ist an der Zeit, einen Ökofaktor in den eigenen Lebensstil zu integrieren und durch Vernetzung mit anderen eine Klimakultur in der Gesellschaft zu etablieren.

Klimakultur ist nach meiner Definition das Gegenteil von Selbstkasteiung. Ihr Ziel und ihr Ergebnis ist es nicht, sich in kaum beheizten Räumen durch den Winter zu quälen, um sich von „Sünden" freizuschlottern. Ziel ist es, die eigenen und gesellschaftlichen Standards positiv zu verändern.

Sie setzen an einem wichtigen Punkt an: Heizung und Warmwasser sind ein großer Faktor. Bei sieben Monaten Heizen im Jahr beträgt der Anteil am Energieverbrauch eines Haushalts etwa ein Drittel. Doch dieser Verbrauch durch Heizung und Warmwasser hängt längst nicht nur vom persönlichen Umgang mit dem Heizen ab, sondern sehr viel mehr von der Art ▶

Das Klimadilemma 2/2

Ethische Dilemmata

▶ und dem Baujahr der Heizung, vom Haus, von dessen Dämmung, vom Dichtungsgrad der Fenster und Türen, von energetischen Renovierungen und so weiter.

Nun weiß ich als Mieter einer Stadtwohnung mit komplizierten Besitz- und Hausverwaltungsverhältnissen, dass das Leben in der technologischen Moderne nicht nur eine Frage des Geldes ist. Dennoch: Klimaschutz beim Heizen ist keine Frage von Frieren oder Verzichten, er ist eine Frage von Knowhow und intelligenter Technik. Klimakultur heißt, dass wir uns jetzt entscheiden, nicht mehr in zugigen Höhlen zu leben und mit anachronistischem und ineffizientem Verbrennen fossiler Rohstoffe Heizungen und Mobilität zu organisieren, sondern die vorhandene, intelligente Technik anzuwenden. Damit meine ich speziell auch Unternehmen.

Klimakultur bedeutet auch ein selbstverständliches Knowhow darüber, wie und wann man welche Räume heizt, wie man lüftet, wie eine optimale Luftfeuchtigkeit das Wohlgefühl beeinflusst und so weiter. Alles auf der Grundlage, dass man sich bei der Arbeit oder zu Hause wohl fühlt, aber im Winter auch nicht gerade auf FKK besteht. Und bevor man über 20 oder 21 Grad Celsius philosophiert, sollte man herausfinden, wie hoch der Energieverbrauch im individuellen Fall bei der bisher praktizierten Heizkultur ist. Erst danach kann man testen, was ein Grad weniger tatsächlich bringt. Ob 20 Grad reichen, hängt auch davon ab, wie das Zimmer beschaffen ist, ob der Boden kalt ist und so weiter.

Thermostat
Foto: © Jenson – Fotolia.com

Mein Öko-Bruder hat die Heizung auf 20 Grad (wenn er zu Hause ist), schleicht dann aber regelmäßig zum Thermostat und dreht sie gegebenenfalls zwischendurch ein Grad runter. Dann lächelt er vor sich hin und seufzt zufrieden. „Ich checke im Winter den Gasverbrauch pro Tag", sagt er. „Und da kann ich sehen, welche Art von Heizen viel oder wenig braucht."
Sein Bewusstsein wird nicht von Gewissen oder Moral beeinflusst, sondern von der Faktenlage. Sein glückliches Grinsen zeigt mir: Er verzichtet nicht auf etwas (Wärme, Lebensqualität) und leidet, sondern gewinnt etwas (bessere Energiebilanz und Zufriedenheit). Ich selbst habe bisher zwar zu meinem Dreiliterauto eine sinnliche Beziehung aufbauen können, aber – im Gegensatz zu meinem Bruder – nicht zu unserer Heizung. Ich sehe jedoch an ihm, dass auch das offenbar möglich ist.

Herzlichst, Ihr Dr. Dilemma

Quelle: www.utopia.de/wissen/ratgeber/
dr-dilemma-folge-6-muss-ich-frieren-um-das-klima-zu-schonen

↗ Was haltet ihr von dem Rat des Dr. Dilemma? Ist dem Frager damit wirklich geholfen?

↗ Setzt euch in Kleingruppen zusammen, und überlegt, was ihr Thorsten Bausewein antworten würdet.

↗ Informiert euch in Zeitungen, Zeitschriften, den Nachrichten oder dem Internet über die Folgen des Klimawandels. Diskutiert in der Gruppe: Kann ein Einzelner überhaupt etwas zum Schutz des Klimas unternehmen?

↗ Verfasst einen Aufruf, in dem ihr zum Handeln für den Klimaschutz aufruft.

Kohle oder Atomkraft? 1/2

Ethische Dilemmata

> In der Klimadebatte fordern Politiker immer öfter, den Atomausstieg (= alle Atomkraftwerke werden nach und nach abgeschaltet) zurückzunehmen und neue Atomkraftwerke zu bauen, um nicht von der Kohle abhängig zu sein. Ist das wirklich sinnvoll?

Jan befragt für ein Physik-Referat den Lokalpolitiker **J. Mitzke**, der sich für den Erhalt der letzten Kohlezechen im Ruhrgebiet engagiert, und **K. Lohmann**, den Pressechef des örtlichen Energieunternehmens, das mehrere Atomkraftwerke betreibt, in einer Mail nach den Vorteilen neuer Kohle- oder Atomkraftwerke. Nach einigen Tagen erhält er folgende Antworten.

Kohlekraftwerk
Foto: © Gabi Schoenemann / PIXELIO

Sehr geehrter Herr Apel!

Deutschland braucht in der Tat mehr Kraftwerke, um den steigenden Stromverbrauch sicherstellen zu können. Kohlekraftwerke sind eine Möglichkeit, Atomkraftwerke eine andere. Weitere Auswege, wie die Förderung alternativer Energien, sind im Moment noch nicht ausreichend vorhanden.

Erstere sind zwar umweltschädlich, da bei der Verbrennung von Kohle CO_2 freigesetzt wird, das unser Klima weiter schädigen wird. Mit moderner Technik kann man jedoch den Wirkungsgrad erhöhen und die Energie so besser ausnutzen. Kohle ist preisgünstig einzukaufen, und für die Beseitigung des CO_2 wird nach neuen Techniken der Entsorgung gesucht, man könnte es z.B. bald im Meer „versenken".

Atomenergie ist im Gegensatz dazu klimaneutraler, die Technik ist jedoch alles andere als sicher. Seit dem Super-GAU (= größter anzunehmender Unfall) in Tschernobyl 1986, bei dem Hunderte von Menschen gestorben sind, weitere Tausende erkrankt sind und ein großes Gebiet in der Ukraine und Weißrussland unbewohnbar ist, wissen wir, dass der Betrieb der Kraftwerke nicht sicher ist. Das zeigen auch mehrere Störfälle in den letzten Jahren, sowohl in Deutschland als auch in den älteren, unsichereren Werken in Osteuropa. Und wo der Müll gelagert werden soll, weiß auch noch keiner.

Mit freundlichen Grüßen,

J. Mitzke

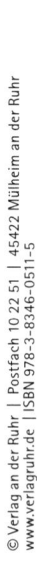

Kohle oder Atomkraft? 2/2

Ethische Dilemmata

> Lieber Herr Apel!
>
> Der steigende Strombedarf des Landes kann nur mit neuen Atomkraftwerken befriedigt werden, und zwar aus folgenden Gründen:
>
> <u>Atomenergie ist preiswert:</u> Sind die Kraftwerke erst einmal gebaut, können sie jahrzehntelang laufen, ohne große Kosten zu verursachen.
>
> <u>Atomenergie ist sauber:</u> Sie verursacht kein CO_2 und ist klimafreundlich; den Müll kann man in leeren Salzbergwerken lagern.
>
> <u>Atomenergie ist sicher:</u> In den neuen Kraftwerken wird mittlerweile eine weiterentwickelte Technik verwendet, die Störfälle auf ein minimales Risiko reduzieren.
>
> <u>Kohlekraftwerke sind im Gegensatz dazu die reinsten Dreckschleudern:</u> Sie pusten Unmengen von CO_2 in die Atmosphäre. Dadurch wird sich das Ozonloch vergrößern, Unwetter und Naturkatastrophen werden zunehmen.
>
> Freundliche Grüße,
>
> *K. Lohmann*

Atomkraftwerk
Foto: © Philipus – Fotolia.com

➚ Was würdest du Jan raten: Welche Position sollte er in seinem Referat vertreten?

➚ Informiert euch im obigen Text, in Büchern, Zeitschriften oder im Internet über die Vor- und Nachteile von Kohle- und Atomkraftwerken. Stellt eure Ergebnisse in einer Tabelle gegenüber. Vergleicht eure Argumente in der Gruppe. Gibt es einen Ausweg aus dem Dilemma?

➚ Führt eine Debatte durch: Sucht euch eine Position aus, und bereitet euch auf euren Auftritt vor: Ordnet die Argumente nach Wichtigkeit, und sammelt Fakten, Daten und Beispiele zur Stützung eurer These. Erstellt eine Präsentation (Plakat, PowerPoint, Folie) von fünf Minuten, mit der ihr eure Position zu Beginn der Debatte vorstellen könnt. Stellt zwei Rednerpulte vor der Gruppe auf, und bestimmt einen Moderator. Wählt zwei Redner, die die beiden Positionen vertreten sollen: Zunächst dürfen beide ihre Präsentation vorführen, darauf folgt eine Diskussion zwischen den beiden mit der Möglichkeit für die Zuhörer, Fragen zu stellen.
Welcher Redner war am überzeugendsten?

➚ Reicht es aus, sich mit einem Thema zu beschäftigen und dann der Politik zu überlassen, eine Entscheidung herbeizuführen? Welche Einflussmöglichkeiten habt ihr bei derartig weit reichenden Entscheidungen überhaupt?

Aktive und passive Sterbehilfe

Ethische Dilemmata

Immer wieder wird darüber diskutiert, ob Menschen beim Sterben geholfen werden darf, wenn sie nicht mehr leben und den Zeitpunkt und die Art ihres Todes selbst bestimmen wollen. Passive Sterbehilfe bedeutet, dass jemand das Leiden eines Todkranken beenden hilft, indem er ihm z.B. tödliche Medikamente besorgt oder indem im Krankenhaus lebenserhaltende Maßnahmen eingestellt werden. Von aktiver Sterbehilfe spricht man, wenn man bei dem Kranken direkt den Tod herbeiführt, z.B. durch das Setzen einer tödlichen Spritze. Letztere ist in Deutschland verboten. Ein Gesetz, das die gesamte Sterbehilfe eindeutig regelt, fehlt jedoch noch immer. Es wird seit Jahren vorbereitet, nach intensiven Diskussionen aber immer wieder verschoben. Dass eine Einigung dringend nötig ist, zeigt ein Fall, dem von den Medien große Aufmerksamkeit geschenkt wurde: Ein Hamburger Anwalt hatte eine „Sterbemaschine" entwickelt, mit Hilfe derer sich eine todkranke Frau das Leben genommen hat.

- Recherchiere im Internet, in welchen Fällen Sterbehilfe erlaubt und in welchen Fällen verboten ist, z.B. unter: www.zeit.de/wissen/gesundheit/index

- In welchem Dilemma befinden sich Menschen, die sterben wollen, aber nicht die physischen Voraussetzungen dafür besitzen, sich selbst zu töten?

- Was hältst du von Vereinen, wie dem schweizer Verein „Dignitas", der Sterbewilligen gegen eine Gebühr in der Schweiz Räumlichkeiten und Medikamente zur Verfügung stellt, sodass sie in Würde selbstbestimmt sterben können?

- Schreibe einen Essay, in dem ihr eure Meinung zum Thema Sterbehilfe begründet darstellt.

Entsetzen über Kuschs Sterbehilfe

Mit seinem Bekenntnis, einer 79-Jährigen am vergangenen Sonnabend beim Sterben geholfen zu haben, hat der Hamburger Ex-Justizsenator Roger Kusch eine bundesweite Welle der Entrüstung ausgelöst.

Ex-Senator Kusch leistet Sterbehilfe
Frau stirbt bei Einsatz seiner Tötungsmaschine

Bis vor zwei Jahren war er Hamburger Justizsenator, zuständig für Recht und Ordnung. Jetzt spielt Dr. Roger Kusch Dr. Tod!

Sterbehilfegesetz droht Patt im Bundesrat

Der Bundesrat debattiert über ein härteres Strafrecht für Sterbehelfer: Bis zu drei Jahre Gefängnis sollen künftig drohen.

Diffuse Angst

Auch Schwerkranke können friedlich sterben, sagt der Palliativmediziner Gian Domenico Borasio.

Wirbel um Tötungsgerät

Ein Hamburger Politiker stellte einen Suizid-Automaten vor. Seither tobt wieder eine heiße Diskussion um die Sterbehilfe.

Patientenverfügung 1/2

Ethische Dilemmata

>> *Für den Fall, dass man bei einer schweren Krankheit nicht durch Maschinen künstlich am Leben gehalten werden möchte, empfehlen Juristen, eine Patientenverfügung zu erstellen. Wie wichtig es ist, sich schon zu Lebzeiten mit seinem Tod zu befassen, zeigt folgendes Beispiel.*

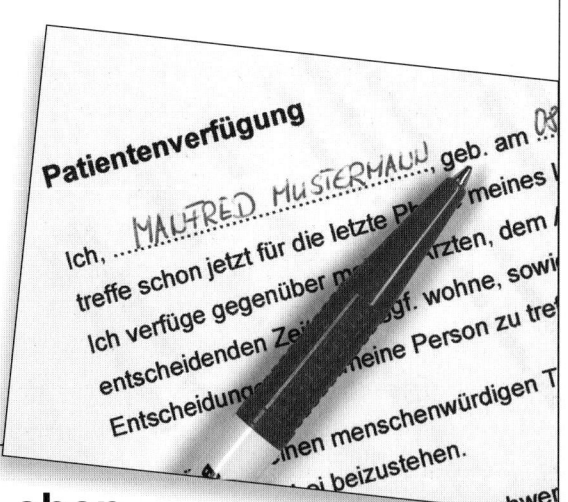

Verurteilt zum Leben

Eine hochbetagte Schlaganfall-Patientin wurde sechs Jahre lang künstlich ernährt. Gegen ihren Willen, sagt der Sohn – der dafür kämpfte, dass seine Mutter sterben darf.

In den letzten Monaten ihres Lebens hatte Hedwig Boedrich die Hände im Schlaf zu Fäusten geballt. So fest presste sie die Finger zusammen, dass die Pfleger ihr zwei Kuscheltiere in die Hände drücken mussten, damit sie sich nicht die Handflächen zerkratzte. Die alte Frau ballte die Fäuste, weil ihre Finger krampften, nicht aus Wut, erklärt der Sohn. Grund zur Wut hätte sie seiner Meinung nach aber auch gehabt. Wut, dass man sie mit 97 Jahren nach zwei Schlaganfällen, die sie lähmten und ihr das Bewusstsein weitgehend raubten, weiter über Schläuche ernährte und so am Leben hielt – gegen ihren Willen, sagt er. Schnell und schmerzlos – Harry Boedrich hat den Wunsch seiner Mutter ernst genommen. Erfüllen konnte er ihn nicht. Als die Mutter 2002 mit 91 Jahren einen zweiten schweren Schlaganfall erlitt, sagte er den Ärzten zwar, dass sie nicht lange leiden wolle. Doch die Mediziner rieten ihm, die Mutter trotzdem künstlich über eine Magensonde ernähren zu lassen. Ihr Zustand könne sich wieder bessern. Der Sohn stimmte hoffnungsvoll zu. Erst später erkannte er, dass die Ärzte zu optimistisch gewesen waren. Und dass die Magensonde für die Mutter zur Falle geworden war.

Sterben durfte sie nicht

Hedwig Boedrich kam nie mehr richtig zu Bewusstsein. Zwar reagierte sie noch auf Töne und folgte mit den Augen, doch es gelang dem Sohn nie wieder, mit ihr zu kommunizieren. Ihr Körper blieb bis auf einen Arm und den Kopf gelähmt. Zwei Gutachter bestätigten im Laufe der Jahre, dass sich der Zustand der alten Frau wohl nie mehr bessern werde. Doch sterben durfte sie auch jetzt nicht.

Wann ist die Lebenszeit eines Menschen abgelaufen? Wann ist der Moment gekommen, in dem auch Ärzte vom Bett des Kranken zurücktreten und das Sterben zulassen müssen?

Harry Boedrich glaubt, dass dieser Moment für seine Mutter spätestens 2005 gekommen sei. In dem Jahr passiert im Pflegeheim ein Unfall. Eine der Schwestern lässt die alte Frau beim Waschen fallen. Sie bricht sich beide Beine. Die Ärzte des Münchner Rotkreuzklinikums, in das ein Notarzt die Patientin bringt, weigern sich, sie zu operieren. Sie werde ohnehin nie mehr laufen können, und die Narkose sei für sie lebensgefährlich. Da ist für den Sohn klar: „Das hätte meine Mutter nie gewollt."

Der Hausarzt, den er mit seinen Gedanken konfrontiert, stimmt ihm grundsätzlich zu. Doch er will die Ernährung nicht ohne Zustimmung des Gerichts beenden – eine Formalie, die, wenn sich Arzt und Betreuer einig sind, rechtlich nicht nötig ist. Für Hedwig Boedrich ist sie die erste von mehreren fatalen Entscheidungen, die bewirken, dass sie weiterleben muss. Frau Boedrich liege nicht im Sterben, befindet das Vormundschaftsge-

Dilemmageschichten mit Arbeitsanregungen für Jugendliche

Patientenverfügung 2/2

richt München in einem Schreiben im April 2006 und weist den Wunsch des Sohnes, die Ernährung einzustellen, ab. Sie sei vielmehr „schwer pflegebedürftig" und auf „liebevolle Zuwendung" angewiesen. Bei einem zweiten Anlauf im Juli 2007 entzieht das Gericht dem Sohn gleich ganz die Betreuung.

Bei dem Gedanken an die Abfuhr, die er vom Richter erhielt, reißt Boedrich heute noch ungläubig die Augen auf. Er ist ein ruhiger Mann, doch die Entscheidung hat ihn erschüttert. „Eine Fehlentscheidung des Gerichts", sagt auch Anwältin Steldinger. Sie kennt den geballten Unverstand, der bei vielen Richtern und Ärzten beim Thema Sterben herrscht. Die Anwältin weiß auch, dass 30 Prozent der Vormundschaftsrichter die Rechtslage falsch einschätzen und entgegen der Rechtsprechung des Bundesgerichtshofs das Leben um jeden Preis verteidigen. „Was muss denn noch eintreten, damit ein alter Mensch sterben darf?", fragt sie. Bei Hedwig Boedrich musste noch vieles passieren.

Der Tod kann Erlösung sein

Kommunikationsprobleme gibt es auch zwischen dem Sohn und dem Arzt. „Ich kannte den Willen der Patientin nicht, darum habe ich weiterbehandelt", sagt der. Argumente, die Anwältin Steldinger nicht gelten lässt. Es gehe nicht nur um den Willen der Patientin, sondern auch um die Frage, welches Ziel der Arzt mit der Behandlung verfolge. Nicht nur den Abbruch einer Behandlung, auch ihre Fortsetzung müsse er begründen. „Eine Magensonde ist ein medizinischer Eingriff, sie ist nur erlaubt, wenn erstens der Patient zustimmt und zweitens der Arzt ein Behandlungsziel nennen kann." Was aber war das Therapieziel, wenn nichts als die pure Leidensverlängerung dabei herauskam?

Was dann passiert, scheint der Juristin recht zu geben: Im August 2007 bricht die Magensonde. Der Hausarzt hatte immer gesagt, dass er in diesem Fall keine neue Sonde legen würde. Auch die Ärzte im Krankenhaus Dritter Orden weigern sich, weil sie darin keinen Nutzen mehr sehen. Der Sohn will schon aufatmen, da entscheidet der vom Gericht bestellte Betreuer, die Patientin in eine andere Klinik zu verlegen. Im Krankenhaus der Barmherzigen Brüder finden sich Ärzte, die eine neue Sonde legen. „Wie kann es sein, dass eine 97-jährige Frau durch halb München gekarrt wird, bis sich ein Krankenhaus findet, das noch weiterbehandelt", fragt Steldinger. Sie rät dem Sohn, in Berufung zu gehen. Am 26. Februar kommt es zur Verhandlung vor dem Landgericht München I. Die Richter setzen den Sohn wieder als Betreuer ein. Die Frage der Ernährung aber weisen sie in die erste Instanz zurück. Der Sohn muss auf eine neue Verhandlung warten. Doch diesmal kommt die Mutter allen zuvor. Im April bekommt sie Fieber und stirbt. Der Tod kann Erlösung sein. Für Hedwig Boedrich war er am Ende vielleicht sogar ein kleiner Sieg.

Quelle: www.sueddeutsche.de/politik/424/446160/text

➤ Gib in eigenen Worten den Leidensweg der Hedwig Boederich wieder. Wie kam es dazu, dass sie gegen den Willen ihres Sohnes weiterbehandelt wurde?

➤ Beschreibe das Dilemma eines Arztes, der Patienten wie Hedwig Boederich behandelt (Stichwort Hippokratischer Eid)?

➤ Diskutiert in der Gruppe: Hat der Richter, der dem Sohn das Betreuungsrecht entzogen hat, richtig geurteilt?

➤ Informiere dich über Patientenverfügungen, z.B. unter: *www.bmj.de/SharedDocs/ Downloads/DE/pdfs/Patientenverfuegung.html*
Was hätte es geändert, wenn Hedwig Boederich so eine Verfügung geschlossen hätte?

Notwehr?

Ethische Dilemmata

> Manchmal befindet sich jemand in einer Situation, in der eine Handlungsmöglichkeit immer aus Gewalt besteht. Gibt es Situationen, in denen sie gerechtfertigt ist?

Stich von Adolf Glaßbrenner mit Signatur
Abbildung: © www.wikipedia.de

Das Märchen vom Reichtum und der Not

Es war einmal Bruder und Schwester:
Der Reichtum und die Not;
er schwelgte in tausend Genüssen,
sie hatte kaum trocken Brot.

Die Schwester diente beim Bruder
viel hundert Jahre lang;
ihn rührt' es nicht, wenn sie weinte,
noch, wenn sie ihr Leiden besang.

Er fluchte und trat sie mit Füßen,
er schlug ihr ins sanfte Gesicht;
sie fiel auf die Erde und flehte:
Hilfst du, o Gott, mir nicht?

Wie wird das Lied wohl enden?
Das ist ein traurig Lied!
Ich will's nicht weiter hören,
wenn nichts für die Schwester geschieht!

Das ist das Ende vom Liede,
vom Reichtum und der Not:
An einem schönen Morgen
schlug sie ihren Bruder tot.

Adolf Glaßbrenner

↗ Stelle dir vor, du wärest Journalist. Schreibe einen Artikel für eine Boulevardzeitung über den tragischen Mordfall.

↗ Sucht in Zeitungen und Zeitschriften nach Fällen, in denen der Druck so groß war, dass sie in einem Verbrechen mündeten. Diskutiert in kleinen Gruppen, ob es nicht einen anderen Ausweg geben könnte.

↗ Das Gedicht kann man nicht nur als Geschichte von zwei Geschwistern verstehen, sondern auch auf die gesamte Gesellschaft übertragen. Wer ist in diesem Fall wohl mit der Not und mit dem Reichtum gemeint? Und für welche Handlung steht der Mord?

Dilemmageschichten mit Arbeitsanregungen für Jugendliche

Flüchtlinge

Ethische Dilemmata

> Jährlich versuchen Tausende von Afrikanern, über das Mittelmeer nach Italien oder über den Atlantik nach Spanien zu gelangen, um in Europa ein besseres Leben zu finden und Geld zu ihrer Familie in die Heimat zu schicken. Viele überleben die Reise nicht.

„Freiheit, helfen Sie uns!"

Sie suchten Freiheit, Glück und Wohlstand – und fanden widrige Verhältnisse: Hunderte Afrikaner sind nun aus dem Flüchtlingslager Lampedusa geflohen.

Ihre Reise führte sie durch zahlreiche Länder, mehrere tausend Kilometer durch Wüste und Trockenheit. Am Ende ihrer Reise sind die vielen Flüchtlinge im Norden des afrikanischen Kontinents angekommen – der gelobte Kontinent Europa fast schon in Sichtweite. Viele dieser Menschen versuchen dann, über das Mittelmeer nach Spanien oder Italien zu gelangen – ein großer Teil davon wird von Behörden aufgefunden und in so genannte Flüchtlingslager gebracht. Eines dieser Lager ist auf der Mittelmeerinsel Lampedusa, die etwa 200 Kilometer südlich von Sizilien liegt. Sie ist mittlerweile zum Hauptauflaufpunkt für Bootsflüchtlinge aus Afrika geworden – und dort sind nun rund 700 Menschen ausgebrochen, um gegen die neuen beschleunigten Abschiebeverfahren der italienischen Regierung zu demonstrieren. Sie strömten am Samstag zum Bürgermeisteramt und riefen „Freiheit, helfen Sie uns!", wie Bürgermeister Bernardino De Rubeis berichtete.

Die Flüchtlinge überwanden nach den Worten des Bürgermeisters die Zäune um das Auffanglager und marschierten in einem Protestzug zum Rathaus. „Die Spannungen sind groß", sagte Bürgermeister De Rubeis. Italiens Regierungschef Silvio Berlusconi forderte die Bevölkerung auf, ruhig zu bleiben. Die Lage sei unter Kontrolle, sagte Berlusconi. Die Flüchtlinge könnten keinen Schaden anrichten, da sie bei stürmischer See nirgendwo hinkönnten.

Polizei hält sich zurück

Das Flüchtlingslager ist seit Tagen hoffnungslos überfüllt. Obwohl es nur für 850 Menschen ausgelegt ist, waren dort in den vergangenen Tagen zeitweise mehr als 1800 Menschen untergebracht. Am Samstag waren es noch 1300. Nach Angaben des UN-Flüchtlingswerks UNHCR müssen hunderte Flüchtlinge in dem Lager unter Plastikplanen im Freien schlafen. Im vergangenen Jahr trafen dort nach Angaben des italienischen Innenministeriums knapp 31700 Flüchtlinge ein und damit 75 Prozent mehr als im Vorjahr. Die zum Großteil aus Afrika stammenden Flüchtlinge fahren meist in nicht hochseetauglichen Booten über das Mittelmeer, um in die Europäische Union zu gelangen. Dabei kamen 2008 nach Schätzungen der Hilfsorganistion Fortress mindestens 1500 Menschen ums Leben. Gegen Mittag kehrten die Demonstranten von Lampedusa, nachdem sie sich zunächst geweigert hatten, in das Flüchtlingszentrum zurück. Die Polizei beobachtete den Protestzug und hielt sich zurück.

Quelle: www.sueddeutsche.de/politik/281/455953/text

- ↗ Was erwarten die Flüchtlinge von Europa, und wie werden sie aufgenommen?

- ↗ Recherchiert in Zeitungen, Zeitschriften, den Nachrichten im Fernsehen und im Internet, aus welchen Ländern die Flüchtlinge stammen. Warum nehmen sie die gefährliche Reise auf sich?

- ↗ Was geschieht mit den Flüchtlingen, nachdem sie Europa erreicht haben?

- ↗ Wie könntet ihr helfen, damit die Situation für die Menschen in den Ländern, aus denen die Flüchtlinge stammen, verbessert wird? Sammelt Vorschläge.

Illegale in der Klasse 1/2

Ethische Dilemmata

>> **Maria** ist illegal in Deutschland. Anfang des Jahres ist sie aufgeflogen und muss nun Deutschland nach Ende des Schuljahres verlassen. Wie es dazu kam, schreibt sie ihrer Brieffreundin **Melissa**.

Hallo Melissa,

jetzt kann ich dir endlich von meinem ganzen Leben erzählen, was bisher nicht möglich war. Ich bin nämlich illegal in Deutschland, das nennt man „statuslos". Ich habe keine Papiere, keinen Ausweis, keinen Reisepass und bin in keiner Behörde angemeldet. Vor elf Jahren bin ich mit meiner Mutter aus Bolivien nach Hamburg gekommen, an meine Heimat La Paz kann ich mich kaum noch erinnern. Mein Vater war weg, und meine Mutter hatte eine Freundin, die ihr von Deutschland erzählt hat. Wie wohlhabend und sauber dort alles sei. Als wir dann selbst hier waren, war plötzlich nichts mehr einfach: Weil wir so genannte „Wirtschaftsflüchtlinge" sind und nicht wegen religiöser oder politischer Verfolgung nach Deutschland gekommen sind. Hätten wir uns hier offiziell angemeldet, wären wir sofort wieder nach Bolivien abgeschoben worden, egal, wie schlecht es uns dort ging.

Meine Mutter arbeitet nun seit Jahren als Putzfrau. Das ist einer der wenigen Jobs, die man machen kann, ohne seine Papiere zeigen zu müssen - Schwarzarbeit ist das, um genau zu sein. Das ist nicht immer einfach: Wenn ein Arbeitgeber meine Mutter nicht bezahlen will, kann er das Geld einfach behalten. Sie kann ihn ja nicht bei der Polizei anzeigen. Auch wenn einer von uns krank ist, kann er nicht einfach zum Arzt gehen. Wir sind nämlich nicht krankenversichert. Glücklicherweise haben uns Freunde von einem Arzt erzählt, der extra Sprechstunden für Leute abhält, die nicht versichert sind. Allerdings sitzt man da unter lauter Obdachlosen und Junkies, das ist nicht sehr angenehm.

Das oberste Ziel in unserem Leben ist immer: Bloß nicht auffallen. Man darf sich niemals in eine Situation bringen, in der man seine Papiere vorzeigen muss. Ich habe erst so nach und nach begriffen, dass das was Besonderes ist. Ich lebe schließlich schon so, seit ich denken kann. In der Grundschule war das noch kein Problem: Meine Mutter hatte sich erkundigt und herausbekommen, dass ich ein „Recht auf Bildung" habe, wenn ich hier lebe, egal, welchen Status ich habe.

Als ich dann auf der weiterführenden Schule angemeldet werden sollte, saßen wir beide im Büro des Direktors und haben auch ihm die Lage erklärt. Er war sehr nett und erklärte sich auch bereit, mich aufzunehmen.

Illegale in der Klasse 2/2

Ethische Dilemmata

Allerdings wollte er uns warnen: Von einem Freund im Schulministerium hatte er erfahren, dass es bald Pflicht werden soll, alle Schüler einem zentralen Register zu melden, das dann auch die Ausländerbehörde einsehen könnte.

Wir überlegten ein paar Tage und haben dann beschlossen, das Risiko einzugehen. Meine Mutter meinte, ohne Schulabschluss hätte ich gar keine Chance in Deutschland. Sie hat mich doch hergebracht, damit es mir einmal besser geht als ihr und nicht, damit ich auch putzen gehen muss.

Und es hat ja auch alles geklappt, bis Anfang des Jahres. Eines Morgens standen plötzlich zwei Beamte von der Ausländerbehörde vor der Tür. Viele Menschen haben sich dann für uns eingesetzt, Anträge gestellt und einen Anwalt bezahlt, aber es hat nichts genutzt. Wir sind nun „geduldet" und dürfen nur noch bleiben, bis das Schuljahr zu Ende ist und ich meinen Abschluss habe. Dann müssen wir zurück nach Bolivien.

Was soll ich bloß da? Ich kenne niemanden dort, alle meine Freunde leben doch hier. Und Spanisch kann ich auch nicht mehr besonders gut. Ich wollte unbedingt mein Abi machen und dann Reiseverkehrskauffrau lernen.

Aber jetzt kann ich mich gar nicht mehr auf die Schule konzentrieren, ich zähle nur noch die Tage rückwärts: noch 26 Wochen, noch 25, 24 …

Ich hoffe, du meldest dich bald wieder bei mir.

LG, Maria

↗ Welche Dilemmata kannst du für Maria, ihre Mutter und den Schuldirektor aus dem Text herausfinden?

↗ Maria hat zwar ein Recht auf Bildung, kann aber als Illegale das Recht nicht in Anspruch nehmen. Was hältst du von einer solchen Regelung? Wie sollte der Staat mit Jugendlichen wie Maria umgehen, die schon lange illegal in Deutschland leben?

↗ Teilt euch in Kleingruppen auf, und erkundigt euch z.B. in Politikbüchern, bei Flüchtlingshelfern wie der Ortsgruppe von amnesty international oder im Internet, z.B. unter *www.fluchtpunkt-hh.de*, über die Rechte von Illegalen und Flüchtlingen. Erstellt eine Präsentation, und stellt euch gegenseitig eure Ergebnisse vor.

Do as the Romans do?

Ethische Dilemmata

>> *In England drängelt man sich nicht vor, in Frankreich muss man mit dem Essen bis abends warten und in Bayern Weißwürste probieren. Wenn ich an einem dieser Orte zu Besuch bin, werde ich wohl oder übel diese Besonderheiten akzeptieren. Aber wie weit geht Höflichkeit?*

Stierkampf
Foto: © Luisa Drehsen/PIXELIO

Hunde sind in Korea eine besondere Delikatesse. Als Hauptgericht werden sie gebraten und zu Reisgerichten wie Hühnchen serviert.

In Italien werden Singvögel immer noch häufig mit Leimruten gefangen, auch wenn dies in der EU mittlerweile offiziell verboten ist.

Der Stierkampf ist in Spanien eine jahrhundertealte Tradition. Die Toreros werden wie Popstars verehrt. Viele Tausende schauen sich jährlich dieses Spektakel an.

Tierschützer prangern immer wieder an, dass die englische Fuchsjagd vom Pferd aus und mit großen Hundemeuten nichts mit Sport, sondern nur mit Tierquälerei zu tun hat.

In einigen Naturvölkern ist es Sitte, dass tote Familienangehörige verbrannt werden und die Asche bei der Trauerfeier unter das Essen gemischt wird, damit die Angehörigen immer einen Teil des Verstorbenen in sich tragen.

In Japan gilt Walfleisch als Delikatesse. Obwohl fast alle Länder der Erde eine Vereinbarung unterschrieben haben, dass Wale nicht mehr gejagt werden dürfen, weil sie vom Aussterben bedroht sind, töten die Japaner mehrere hundert Wale pro Jahr.

Ein beliebter Volkssport in vielen südeuropäischen Ländern sind Hundekämpfe, bei denen extra abgerichtete Kampfhunde so lange gegeneinander kämpfen, bis einer von ihnen tot ist.

↗ In welchen Fällen würdet ihr die Besonderheiten des Landes nicht akzeptieren und z.B. auf das Essen verzichten bzw. nicht an der Aktivität teilnehmen?

↗ Sammelt in der Gruppe Beispiele für Traditionen in anderen Kulturen, die ihr seltsam oder nicht akzeptabel findet. Wie kommt die unterschiedliche Wahrnehmung einer Tradition zu Stande?

↗ Versucht gemeinsam, Regeln für höfliches Verhalten aufzustellen: In welchen Fällen sollte ich meinen Gastgeber nicht vor den Kopf stoßen, in welchen darf ich mich zurückhalten?

Dilemmageschichten mit Arbeitsanregungen für Jugendliche

Flugzeugabsturz

Ethische Dilemmata

1972 stürzte ein Flugzeug in Südamerika über den Anden ab.
1993 wurde das Drama von Frank Marshall verfilmt.

Die verunglückte Maschine
Foto: © www.wikipedia.de

Das Wrack des Flugzeuges
Foto: © www.wikipedia.de

Am Freitag, dem 13. Oktober 1972, befand sich ein Flugzeug auf dem Flug über die Anden. Unter den 45 Passagieren befanden sich uruguayische Rugby-Spieler, die auf dem Weg zu einem Freundschaftsspiel in Chile waren.

Nach einem Pilotenfehler stürzte die Maschine mitten in den Bergen ab. Zwölf Menschen starben direkt an den Folgen des Absturzes. Der Rumpf der Maschine blieb intakt, sodass sich die Überlebenden darin verschanzen konnten. Trotzdem starben fünf weitere Menschen schon in der ersten Nacht, bei Temperaturen von -30 bis -40 Grad Celsius. Ein Radio funktionierte noch in der Maschine: Nach acht Tagen mussten die Überlebenden hören, dass man sie für tot erklärte und die Suche nach ihnen einstellen würde.

Durch mehrere Lawinen verschüttet und von Schneestürmen am Verlassen des Wracks gehindert, blieb ihnen nichts weiter übrig, als zu warten, bis das Wetter sich ein wenig besserte, sodass sie Expeditionen in die Umgebung starten konnten, um nach Hilfe zu suchen. Auch in dieser Zeit starben weitere Menschen, jeder hatte nun mindestens einen Freund oder Verwandten verloren. Nach einigen Tagen gingen die knappen Vorräte zur Neige. Schließlich sahen die Passagiere nur noch eine Möglichkeit, zu überleben. Nachdem sich mehrere von ihnen lange gegen diese Möglichkeit sperrten, mussten auch sie sich schließlich eingestehen, dass es keine andere Chance für sie gab.

Nach mehr als zwei Monaten und einigen kurzen Expeditionen in die Umgebung machten sich die beiden fittesten der Gruppe auf, um unter allen Umständen in die Zivilisation zurückzufinden. Nach zehn qualvollen Tagen hatten sie die Anden hinter sich und trafen auf einen Chilenen, der sie in sein Haus mitnahm, versorgte und die Armee verständigte.

Die letzten 14 Überlebenden wurden kurz darauf von den Soldaten gerettet. Die Toten wurden in der Nähe der Absturzstelle begraben, das Flugzeugwrack mit Benzin übergossen und verbrannt.

↗ Stellt gemeinsam Vermutungen an: Was haben die Überlebenden beschlossen, um ihr Leben zu retten? Überprüft hinterher eure Antwort, indem ihr z.B. im Internet, über das Unglück recherchiert.

↗ Was glaubt ihr, wie wurden die Überlebenden bei der Rückkehr empfangen? Wie haben sie sich wohl selbst gefühlt? Hättet ihr genauso gehandelt?

↗ Überlegt gemeinsam: Warum reagieren die Menschen so empfindlich bei dem Thema?

Olympische Spiele in China

Ethische Dilemmata

> Die Olympischen Spiele 2008 fanden in Peking statt. Die Vergabe der Spiele an China hatte im Vorfeld für viele Diskussionen gesorgt: Es hatte zwar keine andere Bewerberstadt so eine perfekte Planung zu bieten, alle hatten jedoch die Befürchtung, dass China die Menschenrechte nicht achten würde, obwohl sich das IOC zur Einhaltung verpflichtet.

IOC-Chef Rogge: Es war „nicht perfekt"

IOC-Chef Rogge äußert zum Abschluss der Spiele leichte Kritik an Chinas Menschenrechtspolitik – und gesteht die eigene Machtlosigkeit ein.

Kurz vor dem Abschluss der Olympischen Spiele in Peking hat IOC-Präsident Jacques Rogge ein weitgehend positives Fazit gezogen. China habe die Welt besser kennengelernt, und die Welt habe China besser kennengelernt, sagte Rogge am Sonntag in Peking. China habe sich der Welt geöffnet. Der langfristige Effekt werde positiv sein. Besonders im Umweltschutz habe China Fortschritte gemacht. „Das olympische Dorf war großartig, die Wettkampfstätten erstklassig, die Organisation makellos", sagte Rogge wörtlich. Zur chinesischen Pressezensur und Unterdrückung von Protesten sagte der IOC-Präsident, die Situation sei „nicht perfekt" gewesen. Doch habe sich die Lage in China im Vergleich zu früher verbessert.

Rogge räumte gleichzeitig die Machtlosigkeit des IOC ein. Die chinesischen Behörden hatten keine einzige Protestkundgebung genehmigt. Internationales Aufsehen erregt hatte der Fall zweier alter Frauen, gegen die wegen Demonstrationsplänen ein Jahr Arbeitslager verhängt wurde. „Wir fanden es ungewöhnlich, dass keiner dieser Proteste stattfand", sagte Rogge. Das IOC habe die Bestrafung der beiden alten Damen angesprochen. Die Antwort sei gewesen, dass es sich um einen Verstoß gegen chinesisches Recht handle. „Das IOC muss chinesische Gesetze respektieren", sagte Rogge.

Das IOC war im Vorfeld der Spiele immer wieder heftig angegriffen worden. Kritiker warfen der Organisation vor, nichts für die Stärkung der Menschenrechte in China zu tun. Die Organisatoren der Spiele hatten zwar Veränderungen unter anderem hinsichtlich der Menschenrechte und der Pressefreiheit versprochen, diese schließlich jedoch nur teilweise umgesetzt.

Quelle: www.sueddeutsche.de/sport/582/307535/text

↗ In welchem Dilemma befand sich das IOC, als es über die Bewerbung Chinas entscheiden musste?

↗ Stellt die Entscheidung nach: Bestimmt aus eurer Gruppe drei Mitglieder des IOC, die über die Vergabe der Spiele an Peking entscheiden sollen, zwei weitere vertreten die Interessen der chinesischen Regierung und wieder zwei die Position der Menschenrechtsvertreter. Die anderen notieren als Sportjournalisten die wichtigsten Argumente beider Seiten.

↗ Schreibt als Journalist einen Artikel für die Zeitung, in dem ihr darlegt, ob ihr die Spiele nach China vergeben hättet oder nicht.

↗ Informiert euch in Geschichtsbüchern oder im Internet über die olympischen Spiele 1936 in Berlin: Inwiefern ist die Situation vergleichbar, wo seht ihr Unterschiede?

↗ Diskutiert in der Gruppe: Ist Sport unpolitisch?

Urlaub in Birma 1/2

Ethische Dilemmata

>> Das Schönste im Winter ist es, sich am Sonntagnachmittag auf dem Sofa auszustrecken und in Ferienkatalogen zu blättern, um die nächste Reise in die Sonne zu planen.

Die Shwedagon-Pagode in Myanmar
Foto: © Dachkammer/PIXELIO

Fernweh = Birma-Urlaub!

Birma ist definitiv das richtige Urlaubsziel für Sie, wenn ...

* Sie einzigartige Sehenswürdigkeiten aus vier Jahrhunderten entdecken wollen.
* Sie ursprüngliche Teakwälder oder Goldstrände erfahren wollen.
* Sie ursprüngliche Bergvölker mit ihrer Tradition und Kultur hautnah erleben wollen.

Erleben Sie das gut behütete Land Birma in seiner Fülle mit großem Einfühlungsvermögen – vor und hinter den Kulissen.

Die reichhaltige Geschichte, die unterschiedlichsten Landschaften mit einer enormen Vielfalt an Pflanzen und Tieren, ursprünglich erhaltene Ökosysteme und nur dünn besiedelte Gebiete bürgen für eindrucksvolle, faszinierende Erlebnisse.

Informationen nach: www.burma-reisen.com

Urlaub in Birma – Urlaub zwischen Mönchen und Militär

Birma oder Myanmar, wie das Militärregime das Land seit 1989 nennen lässt, ist ein Land in Südostasien, eingekeilt zwischen seinen mächtigen Nachbarn Indien und Japan.

Eine Reise nach Birma bedeutet noch immer eine Fahrt in lang zurückliegende Jahrhunderte. Eine brutale Militärdiktatur wirft seit Jahrzehnten ihren dunklen Schatten auf die Gesellschaft. Unbeschwert Urlaub kann nur der machen, der es schafft, die Augen vor der Armut der Menschen in Birma zu verschließen. Aber das Problem hat der Besucher auch beim Urlaub in vielen anderen Ländern. Viele Erholungssuchende lassen sich von der Fassade, die oft sehr perfekt aufgebaut wird, blenden. Urlaub in modernen Hotelanlagen, nur von Bustouren zu Sehenswürdigkeiten unterbrochen, schaffen diese Illusion. Der Rest der Armut, den man zu sehen bekommt, wird meist verdrängt oder mit blöden Kommentaren wie: „Die sind das gewohnt!" erklärt.

Dem Urlauber präsentiert sich Birma vornehmlich als ein Land, das noch ganz vom Buddhismus geprägt ist. So finden sich in jedem Landesteil unzählige Tempel, Klöster und Pagoden.

Wichtige Urlaubsziele für Städtereisende und Buddhismus-Fans sind die Hauptstadt Rangun und die ehemaligen Hauptstädte Mandalay und Pagan.

Informationen nach: www.urlaub-im-web.de/burma-urlaub.html

Urlaub in Birma 2/2

Ethische Dilemmata

Myanmar (Birma)

Das Land
Reisezeit und Klima:

In Myanmar herrscht typisches Monsunklima mit drei unterschiedlichen Jahreszeiten, einer Regenzeit, einer heißen und einer kühleren Jahreszeit. Ideale Reisezeit ist von Oktober bis Februar mit durchschnittlichen Tagestemperaturen von etwa 32°C.

Besonderheiten:

Birma oder Myanmar, wie dieses Land heute heißt, war lange Zeit von der Außenwelt abgeschnitten. Verschiedene Landesteile sind nach wie vor für den Tourismus gesperrt. Die Hauptattraktionen des Landes und viele andere Orte kann man aber ohne Bedenken und ohne jegliche Probleme bereisen. Myanmar ist ein Vielvölkerstaat mit etwa 135 verschiedenen Ethnien. Die Menschen haben sich ihre traditionelle und ursprüngliche Lebensweise weitgehend bewahrt. Dies mag – Ironie der Geschichte – aber auch an dem sozialistischen Militärregime liegen, das es sich zur Aufgabe gemacht hat, sich selbst zu schützen, statt das Land weiter zu entwickeln. Wenn man es aus politischen Gründen ablehnt, nach Myanmar zu reisen, dann muss man sich auch fragen, wen man damit mehr trifft: das regierende Regime oder die überaus freundlichen, sehr friedlichen und liebenswerten Bewohner des Landes, die auch auf den Tourismus angewiesen sind.

Goldener Felsen bei Kyaikto, Myanmar
© Ralf-André Lettau, www.wikipedia.de

Myanmar hat grandiose Sehenswürdigkeiten zu bieten. Mit Bedacht wurden in unserer Reiseroute zudem auch andere Ziele gewählt, die jenseits der touristischen Knotenpunkte liegen. Wir möchten Sie u.a. mit den ländlichen Regionen und ihren herzlichen Menschen in Kontakt bringen. Trotz seiner Einfachheit und Ursprünglichkeit bietet Myanmar seinen Touristen einen erstaunlichen Luxus. Unsere Hotelanlagen sind überwiegend sehr geschmackvoll und entsprechen bei Weitem dem westlichen Standard.

Informationen nach: www.exotische-reisen.de/reiseziele/myanmar-burma/das-land.html

---

↗ Vergleiche die verschiedenen Beschreibungen von Myanmar aus den Internetreisebüros. Was erfährst du über das Land?

↗ Stelle dir vor, du hast eine Reise nach Myanmar gewonnen. Würdest du sie antreten?

↗ Informiere dich im Internet über Myanmar, und recherchiere insbesondere, welche Konflikte sich 2008 im Land ergeben haben. Wie wirken die Reisebeschreibungen vor diesem Hintergrund auf dich?

↗ Diskutiert in der Gruppe: Wo holt ihr Informationen über eure Urlaubsziele ein? Spielt bei der Wahl des Landes etwas anderes als die Faszination und der Preis eine Rolle?

3 Wahlversprechen

Ethische Dilemmata

> Politiker müssen häufig in den verschiedensten Situationen Entscheidungen treffen – nicht immer haben sie dabei nur das Wohl ihrer Gemeinde im Auge.

Der **Bürgermeister** der kleinen Stadt Brochterbeck hat eine schlechte Nachricht für seinen Gemeinderat: Sie bekommen ausgerechnet im Jahr der Kommunalwahlen weniger Mittel aus dem Landeshaushalt für den Bereich Baumaßnahmen. Damit stehen zwei Projekte in der Stadt auf der Kippe:

Zum einen sollte das Dach eines Kindergartens erneuert werden. Der Kindergarten liegt in einem Wohngebiet, in dem die meisten Bewohner bei der letzten Wahl für die Partei des Bürgermeisters gestimmt haben. Er hat dort auf einer Wahlveranstaltung den Leuten versprochen, dass das Dach noch in diesem Jahr neu gedeckt wird, aber wählen würden sie ihn sowieso.

Das andere Projekt, das möglicherweise gestrichen werden muss, ist der Bau einer Umgehungsstraße im Süden der Stadt. Diese Maßnahme ist wesentlich dringender und würde für viele Menschen eine Erleichterung bedeuten. Doch leider gehen in diesem Stadtteil nur wenige Leute zur Wahl, und diejenigen, die gehen, geben ihre Stimme meistens der Oppositionspartei.

Im Gemeinderat wird nun heftig über die Projekte gestritten: Die Politiker werfen sich viele Argumente und noch mehr Beschimpfungen an den Kopf. Schließlich ist alles gesagt, und es kann über die Projekte abgestimmt werden. Beide bekommen gleich viele Stimmen, nur die des Bürgermeisters fehlt noch.

↗ Stelle dir vor, du wärst der Bürgermeister und müsstest jetzt eine Entscheidung fällen. Du bittest um eine kurze Pause und ziehst dich mit deinen Beratern zurück. Stelle die Argumente für die verschiedenen Positionen zusammen, und triff eine Entscheidung.

↗ Nach der Abstimmung kommt ein Journalist zu dir, um ein Interview mit dir zu führen. Setzt euch zu zweit zusammen, und schreibt das Interview, in dem der Bürgermeister seine Entscheidung bekannt gibt und erläutert.

↗ Der Bürgermeister hat auf einer Versammlung versprochen, das Dach des Kindergartens zu reparieren. Wie schwer wiegt so ein Wahlversprechen?

↗ „Versprochen ist versprochen und wird nicht gebrochen." Wie ernst muss man dieses Sprichwort nehmen? Tauscht euch über Gelegenheiten aus, in denen ihr Versprechen gegeben und gehalten/nicht gehalten habt.

↗ Versprechen – Ehrenwort – Eid: Klärt mit Hilfe eines Lexikons die Bedeutung dieser Begriffe. Sind sie in eurem Alltag überhaupt noch von Bedeutung?

Entwicklung auf Kosten der Umwelt 1/2

Ethische Dilemmata

> Entwicklungs- und Schwellenländern wird gerne erklärt, dass sie zwar den Lebensstandard der westlichen Staaten anstreben dürfen, dies jedoch bitte nicht auf Kosten der Umwelt tun sollten. Hier ein fiktives Beispiel:

Jovan Kautaschwili ist zum Kanzler des kleinen asiatischen Staates Abutien gewählt worden. Er hat in London und den USA studiert und möchte nun helfen, sein Land weiter zu entwickeln. Die Bewohner haben ihn hauptsächlich gewählt, damit es mit der Wirtschaft bergauf geht, es mehr Arbeitsplätze gibt und sich alle einen kleinen Wohlstand erarbeiten können.

Abutien ist kein besonders reiches Land. Nach dem Ende der Sowjetunion hat es seine Unabhängigkeit erklärt, und nach einigen Jahren der Unsicherheit und bürgerkriegsähnlichen Zuständen hat sich die Lage seit mehr als einem Jahrzehnt wieder beruhigt. Abutien hat sich eine Verfassung gegeben, die dem deutschen Grundgesetz ähnelt, eine parlamentarische Demokratie eingeführt und mit Kautaschwili den dritten Kanzler in ihrer Geschichte gewählt.

Abutien umfasst ungefähr die Größe von Nordrhein-Westfalen und hat auch ungefähr so viele Einwohner. Es gibt eine Großstadt, Tabusi, die auch die Hauptstadt ist. Dort ist kaum noch ein Unterschied zu einigen europäischen Städten zu erkennen. Ansonsten gibt es viele Kleinstädte und Dörfer, in denen sich die Bauern z.T. noch selbst versorgen. Abutien hat einen Zugang zum Schwarzen Meer mit schönen Sandstränden, das Klima ist gemäßigt mit warmen Sommern und kalten Wintern.

Die Menschen im Staat sind überwiegend Christen. Sie sind nicht so arm wie in einem Entwicklungsland, der gesellschaftliche Wandel hat jedoch Spuren hinterlassen: Die Wirtschaft liegt in den meisten Gegenden des Landes noch am Boden. Abutien orientiert sich nach Westen und hat deshalb nicht mehr so gute Kontakte zu Russland. Daher liefert Russland auch kaum noch Strom oder Gas nach Abutien. Das Land besitzt jedoch große Kohlevorkommen, die zur Gewinnung von Energie abgebaut werden könnten. Außerdem fördert das Land Uran, das zu Brennstäben für Atomkraftwerke verarbeitet werden könnte, allerdings kann das abutische Uran nur sehr schwer abgebaut werden und ist deshalb deutlich teurer als das, was sonst auf dem Weltmarkt gehandelt wird. Ein alter Reaktor aus Sowjetzeiten ist im Moment zwar aus Sicherheitsgründen abgeschaltet, könnte aber langfristig wieder hochgefahren werden. Auch der Iran hat schon Interesse am Kauf von Uran bekundet, was Geld in die Staatskasse bringen würde. Neben der Landwirtschaft ist der wichtigste Industriezweig die Textilindustrie. Am liebsten möchte Kautaschwili der EU beitreten. Davon verspricht er sich eine bessere Entwicklung seines Landes, wie er es auch bei anderen Ländern in Osteuropa sieht.

Dringend muss die Infrastruktur ausgebaut werden, die bei den Unruhen schwer in Mitleidenschaft gezogen wurde. Strom und fließendes Wasser ist jedoch mittlerweile mit Hilfe der Weltbank bis in die meisten Dörfer vorgedrungen. Auch eine grundlegende Krankenversorgung ist vorhanden, in den ländlichen Gegenden fehlen jedoch moderne Krankenhäuser zur Behandlung komplizierter Krankheiten. Dafür gibt es ausreichend Schulen, jedoch fehlen auch hier die weiterführenden Bildungsmöglichkeiten: Oberschulen gibt es nur in den Städten, das Land besitzt nur zwei

Entwicklung auf Kosten der Umwelt 2/2

Ethische Dilemmata

Universitäten. Viele junge Erwachsene ziehen zum Studium ins Ausland, auch viele ältere wandern aus.

Kautaschwili möchte als Erstes die Wirtschaft ankurbeln: Er könnte zunächst Kohlekraftwerke bauen und das Atomkraftwerk wieder anfahren lassen. Mit mehr Energie könnten andere Wirtschaftszweige angekurbelt werden. Das bedeutet, dass neue Arbeitsplätze entstehen würden. Das Uran könnte er verkaufen und das Geld in die Infrastruktur, das Gesundheits- und Bildungswesen investieren. Allerdings wäre damit die Aufnahme in die EU gefährdet: Um aufgenommen zu werden, muss Abutien bestimmte Umweltstandards erfüllen, das schließt den Bau neuer Kohlekraftwerke aus. Zudem dürfte kein Uran in den Iran exportiert werden, da ein Handelsembargo gegen ihn besteht.

Kautaschwili ruft sein Kabinett zusammen und berät sich mit seinen Ministern über diese Situation.

↗ Setzt euch in Gruppen zusammen, und führt ein kurzes Planspiel durch: In jeder Gruppe gibt es einen Präsidenten, einen Gesundheitsminister, einen Wirtschaftsminister, einen Außenminister und einen Bildungsminister. Zunächst überlegt sich jeder, was er in seiner Position dem Präsidenten an Maßnahmen vorschlagen wird. Setzt euch dann zur Kabinettsberatung zusammen: Diskutiert eure Pläne, und versucht, zu einer Lösung zu kommen. Erstellt dann ein Regierungsprogramm, das ihr auf einem Plakat festhaltet. Die Präsidenten jeder Gruppe stellen dann in der Gesamtgruppe ihre Programme vor.

↗ Überlegt gemeinsam: Wie seid ihr zu einer Lösung gekommen? Sind alle Beteiligten zufrieden?

↗ Studiert einige Tage lang die Tageszeitung: Welche Dilemmata in der Politik findet ihr da? Schneidet die Artikel aus, und stellt sie zu einer Dilemma-Zeitung zusammen. Wie werden diese Dilemmata entschieden?

↗ Diskutiert gemeinsam, ob Regierungen oder Politiker heutzutage überhaupt noch in der Lage sind, auf Grund objektiver Bewertung von Argumenten, Entscheidungen zu fällen. Welche anderen Faktoren könnten zusätzlich eine Rolle spielen?

↗ Informiert euch über außerparlamentarische Gruppen, wie z.B. Amnesty International, Attac, Greenpeace usw. Inwiefern stellen sie Alternativen zu politischen Parteien dar?

Videoüberwachung auf dem Schulhof

Ethische Dilemmata

In Deutschland können öffentliche Plätze und Gebäude videoüberwacht werden, wenn ein besonderes Interesse an Sicherheit besteht.

Schulleiter **Dr. Nüssmann** ist der Direktor einer großen Gesamtschule. Der Gebäudekomplex besteht aus zwei getrennt stehenden Häusern, einer Aula und einer Sporthalle. Sie sind durch einen großen Schulhof verbunden, hinter der Halle schließt sich der Sportplatz an. Überall auf dem Gelände stehen Bäume und Büsche. Seit einiger Zeit hat Dr. Nüssmann immer mehr Probleme mit Vandalismus an der Schule: Vor allem Nachmittags, aber auch in den Pausen werden Wände beschmiert, Flaschen auf dem Sportplatz zertrümmert, Kippen auf dem gesamten Gelände verteilt usw. Schon mehrfach wurden Türen und Fenster beschädigt. Nachdem nun noch eine Scheibe eingeschlagen und die Schülerbücherei verwüstet wurde, beschließt Dr. Nüssmann, dass es so nicht weitergehen kann. Die Lehrer können das große und unübersichtliche Gelände in den Pausen nicht komplett beaufsichtigen, und am Nachmittag und abends kann die Polizei nicht viel mehr tun, als hin und wieder an der Schule vorbeizufahren.

In einer Lehrerkonferenz spricht er das Thema an und stellt einen Plan vor: Man könnte an mehreren Stellen des Schulhofes Videokameras installieren, die das gesamte Gelände überwachen. Er selbst ist sich nicht sicher, ob das den Eingriff in die Privatsphäre rechtfertigen kann.

Die Lehrerkonferenz ist gespalten: Einige befürchten, dass die Aufnahmen dazu verwendet werden könnten, die Aufsicht zu kontrollieren und man nun auch in den Pausen ständig beobachtet wird. Andere meinen, dass das eine gute Sache sei, um den Vandalismus abzustellen und die ständigen Prügeleien in den Pausen besser in den Griff zu bekommen. Die Abstimmung geht knapp zu Gunsten der Überwachung aus.

Als nächste Instanz muss nun die Schulkonferenz dem Vorschlag zustimmen. Die Elternvertreter befürchten, die Privatsphäre ihrer Kinder könnte nicht genügend geschützt werden. Die Schülervertreter sind strikt dagegen, weil sie in der Pause keine Kontrolle wollen, zumal es noch verschwiegene Raucherecken auf dem Hof gibt. Auch ein Vertreter des Schulamtes ist eingeladen worden, um die Interessen der Stadt zu vertreten.

Bei der Abstimmung herrscht Stimmengleichheit, nur die von Dr. Nüssmann fehlt noch.

↗ Stellt die Schulkonferenz als Rollenspiel nach: Wählt einen Schulleiter, einen Vertreter der Stadt, zwei Lehrer (einer ist eher für, einer eher gegen die Überwachung), einen Elternvertreter und einen Schülervertreter aus. Der Direktor leitet die Diskussion. Am Schluss findet eine Abstimmung statt. Wie entscheidet nun euer Direktor Nüssmann?

↗ Recherchiert im Internet, an welchen Orten es mittlerweile Videoüberwachungen gibt. War euch das Ausmaß bewusst?

↗ Im Zuge des „Kampfes gegen den Terror" soll es der Polizei erlaubt werden, Onlineüberwachungen (= Ausspionieren der Computer von Verdächtigen) durchzuführen. Was haltet ihr von diesem Vorschlag? Diskutiert darüber in der Gruppe.

Demonstrationsverbot für die NPD?

Ethische Dilemmata

> Die NPD ist eine rechtsextremistische Partei, die die Demokratie und das Grundgesetz abschaffen will. Darf so eine Partei Demonstrationen abhalten?

Julian sitzt mit seinem **Vater** am Frühstückstisch. Das Radio läuft, und er hört in den Nachrichten, dass ein Gericht das Demonstrationsverbot für die NPD in ihrer Stadt aufgehoben hat. Julian ist in der SV engagiert, die schon Pläne für eine Gegendemo geschmiedet hat.

Julian: „Jetzt dürfen diese A... tatsächlich durch die Stadt marschieren. Na wartet, ihr könnt euch warm anziehen."

Vater: „Na na, ich bin zwar auch nicht einverstanden mit dem, was die so von sich geben, aber die NPD ist eine offiziell zugelassene Partei. Sie ist nicht verboten. Also gilt auch für sie, was jede andere Partei für sich in Anspruch nehmen kann: Demonstrationsfreiheit."

Julian: „Aber das kann doch nicht sein, denen ist unser Grundgesetz doch scheißegal. Die würden das doch sofort abschaffen, wenn sie könnten."

Vater: „Aber solange denen keine konkreten Straftaten nachgewiesen werden können, kann ich ihnen doch nicht ihre Rechte absprechen. Ich kann doch auch nicht einfach jemanden aus dem Geschäft werfen, nur weil ich vermute, dass er etwas klauen will."

Julian: „Das ist doch wohl was anderes. Bei der NPD geht das doch über Vorverurteilungen hinaus: Auf ihrer Internetseite kann man ausländerfeindliche Sprüche lesen, sie tragen abgewandelte Hakenkreuze, und wenn keine Kamera auf sie gerichtet ist, zeigen sie den Hitlergruß."

Vater: „Aber sie tun bisher nichts Illegales. Und wenn doch, werden sie dafür verurteilt."

Julian: „Aber wenn man sie einfach marschieren lässt, sieht es doch so aus, als ob man ihre Grundsätze toleriert. Wer soll das denn auseinanderhalten?"

Vater: „Wer hat denn behauptet, dass Politik einfach ist? Jeder muss sich schon bemühen, zu verstehen, was bei uns passiert. Sonst muss man sich auch nicht wundern, wenn diese Leute immer mehr Stimmen bei den Wahlen bekommen."

Julian: „Aber denk mal an die Polizisten, die bei den Demos die Rechten beschützen müssen, obwohl diese sie am liebsten zusammenschlagen würden. Da ist es wieder: Der Staat muss die Leute beschützen, die ihn abschaffen wollen. Das ist doch absurd."

Vater: „Wir leben nun mal in einer freien Gesellschaft. Das heißt, Freiheit für alle, auch für die an den Rändern. Das muss man in Kauf nehmen. Würdest du lieber in einer Gesellschaft leben, in der jede Demonstration verboten werden kann, wenn sie der Regierung nicht passt?"

Julian: „Natürlich nicht. Aber ich denke, dass die NPD nicht mehr am Rand steht, sondern schon einen Schritt weiter ist. Und wenn ich das schon bemerke, sollten das Richter auch erkennen können."

Vater: „Die sehen das offensichtlich anders."

Julian: „Und deshalb muss ich jetzt los. Wir haben eine Gegendemo organisiert und werden uns den Rechten in den Weg stellen."

Vater: „Das ist wichtig. Damit zeigt man, dass diese Idioten in der Minderheit sind. Vielleicht komme ich später auch."

➤ In welchem Dilemma befinden sich die deutschen Richter in Bezug auf Demonstrationen extremistischer Parteien?

➤ Diskutiert in der Gruppe: Könnt ihr die Entscheidung des Gerichts, die NPD nicht zu verbieten, nachvollziehen?

➤ Überlegt gemeinsam: Welche Aktionen sind geeignet, um einer solchen Demonstration etwas entgegenzusetzen?

Die einsame Insel

Ethische Dilemmata

> *Es gibt Fälle, in denen man den Befehlen seines Vorgesetzten folgen muss, und Fälle, in denen man sie zumindest anzweifeln sollte.*

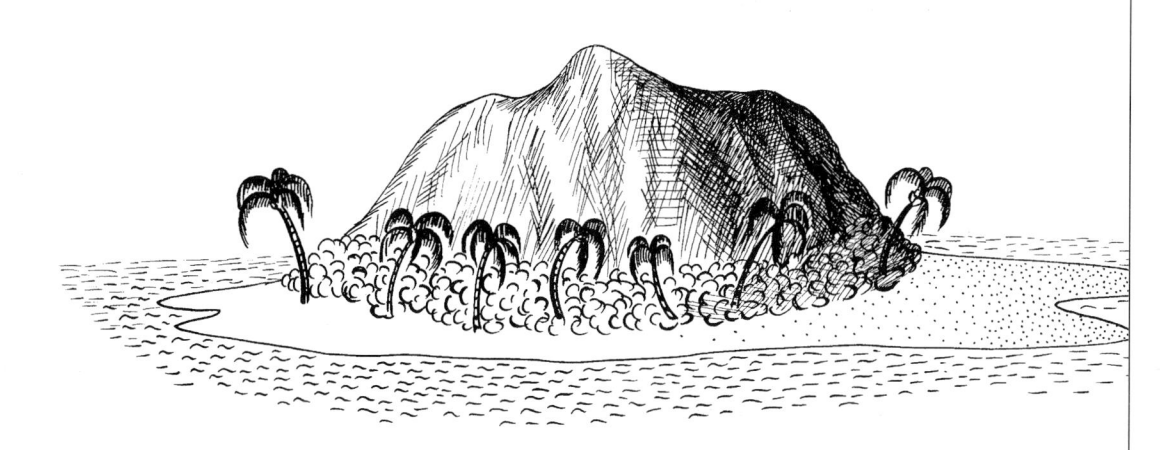

Vor mehreren hundert Jahren war bei einem Schiffsunglück in der Karibik der englische Schoner „Victory" mit Mann und Maus nach einem Angriff der spanischen Flotte gesunken. Nur drei Seeleute konnten sich retten: der Erste Offizier, Leutnant **Christian Fletcher**, der Matrose **John Hawkins** und der Schiffsjunge, der nur **Simple Peter** genannt wurde. Alle drei wurden auf einer einsamen Insel angespült. Außer ihrem nackten Leben hatten sie nichts weiter retten können. Die Insel stellte sich als ein etwas größerer Felsen heraus, nicht größer als ein englisches Dorf. Innerhalb eines Tages hatten sie ihre vorläufige Heimat erkundet.

Es stellte sich heraus, dass es einen recht großen Teich gab, der mit Frischwasser gefüllt war, ein paar Büsche wuchsen am Ufer. Ansonsten gab es nur Felsen, die mit Gras und Moos bewachsen waren. In den ersten Tagen waren die drei Schiffbrüchigen voller Hoffnung, dass bald jemand zu ihrer Rettung kommen würde. Sie beschäftigten sich damit, mit Hilfe einiger angespülter Gegenstände, darunter ein großes Messer und einige Holzplanken, ein notdürftiges Lager in der Nähe des Teichs zu errichten. Außerdem sammelten sie trockene Zweige und Gräser, damit sie ein Signalfeuer entfachen könnten, sobald sich ein Segel am Horizont zeigen würde. Die Tage vergingen, ihre Hoffnung schwand, und ihre Situation wurde immer verzweifelter: Ohne Vorräte würden sie bald verhungern. Das bisschen, was angespült wurde, reichte höchstens für eine Woche. Tiere, die man jagen konnte, gab es nicht, und Fische hatten sie auch keine fangen können. Eines Nachts kam Christian Fletcher zum Matrosen, reichte ihm das Messer und sagte: „Als dein vorgesetzter Offizier befehle ich dir: Bring den Schiffsjungen um. Zu zweit haben wir eine Chance, zu überleben, zu dritt nicht. Also los!"

Der Matrose starrte auf das Messer ...

↗ Setzt euch in kleinen Gruppen zusammen, und führt ein Schreibgespräch durch. Äußert euch zu der Frage: Sollte der Matrose dem Offizier gehorchen?

↗ Sammelt in der Gruppe Beispiele für Situationen, in denen man Anordnungen seiner Vorgesetzten nicht zu folgen braucht/nicht folgen sollte. Versucht, eine allgemeingültige Regel dafür zu finden.

Kindesentführung

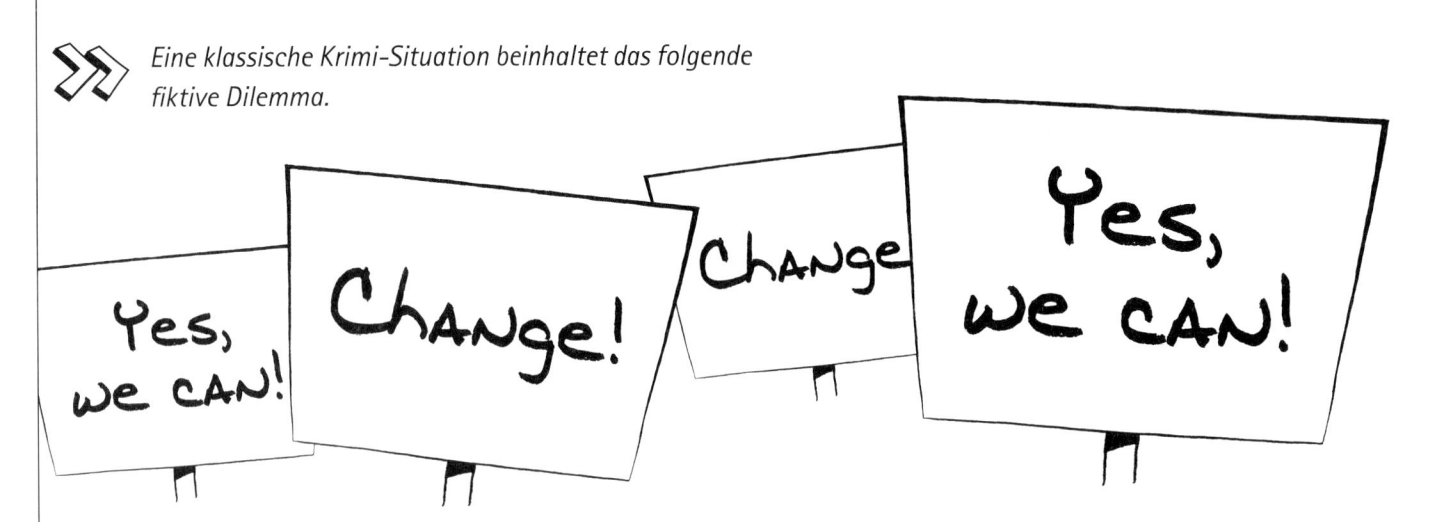

Ethische Dilemmata

> Eine klassische Krimi-Situation beinhaltet das folgende fiktive Dilemma.

Im November 2008 wurde Barack Obama zum Präsidenten der USA gewählt. In einem packenden Wahlkampf hatte er mit seinem Slogan „Yes, we can!" die Menschen seines Landes begeistert, und noch vor seiner offiziellen Vereidigung ging ein Ruck durch das gesamte Land.

Doch nicht alle sind von diesem „Change" begeistert: Eine kleine Gruppe radikaler Waffenproduzenten argwöhnten, dass Obama mehr ändern würde, als ihnen lieb war: Sie befürchteten, dass er den „Krieg gegen den Terror" nicht mehr mit derselben Härte wie sein Vorgänger weiterführen würde und womöglich das Recht, Waffen zu tragen, einschränken könnte.

Deshalb hatten sie im Geheimen einen Plan geschmiedet: Sie wollten während der Amtseinführung eine Bombe unter den Zuschauern zünden. In der Nähe sollte ein toter vermeintlicher Attentäter, der ein Bekennerschreiben bei sich trug, dafür sorgen, dass es so aussah, als ginge das Attentat auf das Konto eines pakistanischen Islamisten. Damit hofften sie, ihre Geschäfte für die nächsten Jahre zu sichern.

Eines fehlte ihnen jedoch noch: ein Spezialist, der ihnen eine perfekte Bombe, die unauffällig zu platzieren ist, konstruierte.

Doch auch für dieses Problem fanden sie bald eine Lösung: Sie nahmen einen Spezialisten für Sprengstoffe ins Visier, John Williamson, ein früherer FBI-Mitarbeiter, der seinen Job aufgegeben hatte, um mit seiner Familie ein ruhiges Leben in einer netten Kleinstadt am Meer zu führen. Da sie zu Recht annahmen, dass er sich nicht auf ihren Plan einlassen würde, mussten sie ihn auf andere Weise dazu zwingen, mit ihnen zu kooperieren: Sie entführten seinen 4-jährigen Sohn.

Williamson stand nun vor der schwersten Entscheidung seines Lebens: Wenn er die Bombe baute, würden hunderte Menschen sterben und verletzt werden, wenn er sich weigerte, würden sie seinen Sohn töten.

- ↗ Diskutiert in Kleingruppen: Wie sollte sich John Williamson verhalten?

- ↗ Setzt die Geschichte in ein Drehbuch für einen Hollywoodfilm um: Wie wird die Geschichte enden? Macht euch auch Gedanken über die Besetzung, Musik usw.

- ↗ Stellt euch gegenseitig eure Drehbücher vor: Gibt es Gemeinsamkeiten? Wie gehen Filme in der Regel mit Dilemmasituationen um?

Gibt es einen gerechten Krieg? 1/2

Ethische Dilemmata

>> *Die Armeen von Ankh-Morpork und Klatsch stehen sich in der Ebene gegenüber, und alle erwarten einen Angriff. Der Krieg wurde dadurch ausgelöst, dass beide Parteien Ansprüche auf einen kleinen kahlen Felsen mitten im Meer zwischen den Staaten angemeldet haben und keine Einigung erzielen konnten. Der Kommandeur der Stadtwache von Ankh-Morpork, **Sir Samuel Mumm**, und sein Hauptmann, **Karotte**, versuchen, das Schlimmste zu verhindern. Zunächst müssen sie jedoch einen Mörder verhaften.*

Felsen
Foto: © Karl-Heinz Liebisch/PIXELIO

„Du hast wohl den Verstand verloren, Mumm?" ereiferte sich Lord Rust. „Du kannst doch nicht den Oberbefehlshaber eines Heeres verhaften!"

„Ich glaube, dazu sind wir durchaus berechtigt, Herr Mumm", sagte Karotte. „Übrigens können wir nicht nur den Oberbefehlshaber verhaften, sondern auch sein Heer. Warum eigentlich nicht? Wir werfen den Leuten z.B. ein Verhalten vor, das den Frieden gefährdet, Herr Kommandeur. Ich meine, immerhin stellt der Krieg eine erhebliche Gefahr für den Frieden dar."

Ein irres Grinsen dehnte sich in Mumms Gesicht aus. „Das gefällt mir."

„Aber um fair zu bleiben: Auch unsere Streitmacht, ich meine, die Soldaten aus Ankh-Morpork ..."

„Wir verhaften sie ebenfalls", sagte Mumm. „Wir verhaften alle. Komplott mit der Absicht, Krawalle zu schaffen." Er zählte die einzelnen Punkte an den Fingern ab. „Tragen von Ausrüstung, die dazu dient, ein Verbrechen zu begehen. [...] Arglistige Herumtreiberei. Tragen von versteckten Waffen."

„Nun, der letzte Punkt ...", begann Karotte skeptisch.

„Ich kann sie nicht sehen", sagte Mumm.

„Ich befehle dir, unverzüglich Vernunft anzunehmen, Mumm!" donnerte Lord Rust. „Bist du zu lange in der Sonne gewesen?"

„Bei Seiner Lordschaft kommt als Anklagepunkt aggressives Verhalten mit Beleidigungsabsicht hinzu", teilte Mumm Karotte mit.

Der Blick des Prinzen galt noch immer dem Kommandeur der Wache.

„Glaubst du wirklich, dass du ein Heer verhaften kannst?" fragte er. „Hast du vielleicht ein größeres Heer?"

Dilemmageschichten mit Arbeitsanregungen für Jugendliche

Gibt es einen gerechten Krieg? 2/2

Ethische Dilemmata

„Oh, das brauche ich gar nicht.", sagte Mumm.

[Er richtete die Armbrust auf den Prinzen.]

„Sag deinen Kriegern, dass sie die Waffen niederlegen sollen. Ich möchte, dass du sofort entsprechende Anweisungen erteilst."

[Nachdem der Prinz seiner Armee die Anweisung gegeben hatte, die Waffen niederzulegen, wandte sich Mumm wieder Lord Rust zu.]

„Die Regimenter aus Ankh-Morpork werden ebenfalls entwaffnet."

„Verdammt, Mumm, du bist auf unserer Seite ...", protestierte Rust.

„Bei den Göttern, ich erschieße heute noch jemanden, und vielleicht entscheide ich mich für dich, Rust"; knurrte Mumm.

„Herr?" Leutnant Hornett zupfte an Lord Rusts Jacke. „Wenn ich dich kurz sprechen könnte ..."

Lord und Leutnant flüsterten kurz miteinander. Dann brach der jüngere Mann auf.

„Na schön, wir sind alle entwaffnet und verhaftet", sagte Rust. „Und was nun?"

„Ich sollte ihnen ihre Rechte vorlesen, Herr Kommandeur", meinte Karotte.

„Wovon redest du da?" fragte Mumm.

„Von den Männern dort draußen, Herr Kommandeur."

„Oh, ja. In Ordnung. Meinetwegen."

Lieber Himmel, ich habe ein ganzes Schlachtfeld verhaftet, dachte Mumm. So etwas ist unmöglich.

Quelle: Terry Pratchett: Fliegende Fetzen. Goldmann, München, 1999. Seite 370–372

- Nachdem die beiden Staaten ihren Anspruch auf die Insel angemeldet haben, schaukelt sich die Auseinandersetzung bis zum Krieg hoch. Vor welchem Dilemma stehen die beiden Staaten, dass sie so extrem reagieren?

- Vielleicht glaubst du, dass der Anlass für einen Krieg etwas übertrieben ist. Die Geschichte hat jedoch einen realen Hintergrund: Recherchiere unter dem Stichwort „Petersilieninsel" oder „Petersilienkrieg" im Internet.

- Was haltet ihr von dem Vorschlag, die beiden Heere durch eine dritte Partei verhaften zu lassen? Steckt ein realistischer Gedanke hinter dieser Idee?

- Informiert euch in der Zeitung, in Lexika oder im Internet darüber, wo es im Moment Kriege auf der Welt gibt. Welche Gründe für die Kämpfe werden genannt?

- Die UNO hat eine Eingreiftruppe, die in Konfliktfällen schnell eingreifen soll. Warum gibt es trotzdem immer mehr Kriegsschauplätze auf der Welt?

Stauffenberg 1/2

Ethische Dilemmata

>> *„Es ist Zeit, dass jetzt etwas getan wird. Derjenige allerdings, der etwas zu tun wagt, muss sich bewusst sein, dass er wohl als Verräter in die deutsche Geschichte eingehen wird. Unterlässt er jedoch die Tat, dann wäre er ein Verräter vor seinem eigenen Gewissen."*

Claus Schenk Graf von Stauffenberg

Stephan telefoniert mit seiner Freundin **Katja**. Sie verabreden, am Abend ins Kino zu gehen.

„Und welchen Film sollen wir uns ansehen?"
„Ich möchte „Operation Walküre" sehen."
„Sagt mir nichts. Worum geht es denn darin?"
„Um das Attentat auf Hitler am 20. Juli 1944."
„Hmm. Und der soll gut sein?"
„Keine Ahnung, aber Tom Cruise spielt die Hauptrolle. Und den gucke ich mir so gerne an …"
„O.k., dann um acht vor dem Kino."
„Bis später. Tschö."

Stephan versucht, sich zu erinnern, was er im Geschichtsunterricht über den 20. Juli gehört hat. Aber ihm fällt nichts Konkretes mehr ein, er weiß nur noch, dass ein paar Offiziere versucht hatten, Hitler zu töten. Um am Abend nicht allzu unwissend vor seiner Freundin zu wirken, nimmt er sein Lexikon zur Hand und schlägt unter „Stauffenberg" nach.

Claus Schenk Graf von Stauffenberg

- Am **15. November 1907** wird Stauffenberg in Jettingen (Bayern) geboren. Er wird getauft und bekennt sich zeitlebens zum katholischen Glauben.

- Im **April 1926** tritt Stauffenberg nach bestandenem Abitur in ein Reiterregiment in Bamberg ein.

- Im **April 1932** spricht er sich bei den Reichspräsidentenwahlen für den Kandidaten Adolf Hitler aus.

- Am **26. September 1933** heiratet er Nina Freiin von Lerchenfeld. Die Stauffenbergs bekommen fünf Kinder.

- Mit Beginn des Zweiten Weltkrieges **1939** ist er als Oberleutnant in einer Panzerdivision am Polenfeldzug beteiligt.

- Im **selben Jahr** lehnt er ab, an einem Umsturzversuch von mehreren Wehrmachtsoffizieren teilzunehmen.

- **1940** nimmt er als Generalstabsoffizier am Frankreichfeldzug teil.

- Im Jahr **1942** schließt sich Stauffenberg angesichts der Massenmorde in den besetzten Ostgebieten, aber auch wegen der unsachgemäßen militärischen Führung dem militärischen Widerstand an. Er fühlt sich jedoch noch durch seinen Treueeid gegenüber Hitler an ihn gebunden.

- Gemeinsam mit anderen Widerstandsgruppen erarbeitet die Gruppe um Stauffenberg einen Entwurf für eine Verfassung nach dem Umsturz: Die vor 1933 geltenden Rechte und Freiheiten sollen wieder eingeführt werden, eine Wiederherstellung der Demokratie wird jedoch abgelehnt.

- Im **März 1943** wird Stauffenberg nach Nordafrika versetzt. Bei einem Tieffliegerangriff verliert er ein Auge, die rechte Hand und zwei weitere Finger. Er kehrt zur Erholung nach Deutschland zurück. Während seiner Genesung wächst seine Überzeugung, dass er etwas tun muss, um Deutschland vor einer endgültigen Katastrophe zu bewahren.

Dilemmageschichten mit Arbeitsanregungen für Jugendliche

Stauffenberg 2/2

Ethische Dilemmata

- Im **Oktober 1943** wird er zum Stabschef des Allgemeinen Heeresamtes in Berlin ernannt.
- Er erarbeitet zusammen mit seinen Mitverschwörern den Operationsplan „Walküre", nach dem der Umsturz ablaufen soll. Darüber hinaus unterhält er weiterhin die Verbindung zu anderen Widerstandsgruppen.
- Am **1. Juli 1944** wird Stauffenberg zum Stabschef des Ersatzheeres ernannt.
- Zwei Termine für das Attentat verstreichen, bevor Stauffenberg am **20. Juli 1944** zum Führerhauptquartier „Wolfsschanze" in Ostpreußen zu einer Lagebesprechung fliegt. In seiner Aktentasche befindet sich ein Sprengsatz, den er scharf macht und im Besprechungsraum in der Nähe von Hitler abstellt. Unter einem Vorwand verlässt er den Raum. Der Sprengsatz detoniert zwar, aber 20 Personen überleben die Explosion, darunter Adolf Hitler. Stauffenberg fliegt zurück nach Berlin. Dort sollte die „Operation Walküre" schon in vollem Gange sein. Der Umsturz verzögert sich jedoch, da lange Zeit nicht klar ist, ob Hitler wirklich ums Leben gekommen ist. Solange es keine sicheren Nachrichten gibt, zögern viele Offiziere, den Umsturz in die Wege zu leiten. Wertvolle Zeit verrinnt. Nachmittags wird im Rundfunk gemeldet, dass Hitler das Attentat überlebt hat. In Berlin beginnt die Niederschlagung des Staatsstreiches. Stauffenberg wird noch in der Nacht verhaftet und mit fünf weiteren Verschwörern erschossen.
- In einer groß angelegten Vergeltungsaktion werden viele Mitverschwörer verhaftet und hingerichtet, die Familien werden bis Kriegsende in Sippenhaft gehalten.

„So. Nun bin ich bestens vorbereitet, um Katja heute Abend ein bisschen zu beeindrucken. Könnte ein ganz spannender Abend werden …"

cinema — Operation Walküre — 12.02.2009 20:30 h

- Schreibe einen Wikipedia-Artikel über Stauffenberg und das Attentat vom 20. Juli 1944. Mache darin deutlich, in welchem Dilemma Stauffenberg sich befindet.

- Leicht gesagt: „Wenn ich zu der Zeit gelebt hätte, wäre ich auch im Widerstand gewesen." Warum gab es nur wenige Menschen, die sich gegen Hitler aufgelehnt haben?

- Schaut euch in der Gruppe eine der Verfilmungen des Attentats an: Operation Walküre – Das Stauffenberg-Attentat (USA/D, 2008, Brian Singer); Stauffenberg (D, 2004, Jo Baier); Es geschah am 20. Juli (D, 1955, Georg Wilhelm Pabst). Wie wird der Konflikt Stauffenbergs darin dargestellt? Ist der Charakter differenziert dargestellt oder eher oberflächlich?

- Bildet Kleingruppen, und sucht euch einen Widerstandskämpfer aus der Zeit des NS-Regimes aus. Stellt für ihn einen Steckbrief zusammen, macht darin deutlich, aus welchen Gründen er Widerstand geleistet hat. Stellt eine Wandzeitung zum Thema „Widerstand im Dritten Reich" zusammen.

Wie soll ich mich entscheiden?
Dilemmageschichten mit Arbeitsanregungen für Jugendliche

> Dilemma: selten glücklicher Ausnahmezustand, in dem man immerhin zwischen zwei Optionen, seien sie auch übel, wählen kann.*

* Andreas Egert (geb. 1968), deutscher Journalist

Klassische Dilemmata

4

Überzeugung vs. Macht

Klassische Dilemmata

>> *Wissenschaftler aller Generationen haben bedeutende Entdeckungen gemacht, die den gerade Mächtigen nicht immer in den Kram passten. Das bekannteste Beispiel ist sicher der Fall Galileo Galilei.*

Galileo Galilei
Foto: © www.wikipedi

Galileo Galilei wurde 1564 in Pisa geboren. Er interessierte sich leidenschaftlich für Mathematik und Physik, promovierte in Algebra und unterrichtete an verschiedenen Universitäten. Sein besonderes Interesse galt der Astronomie.

Nachdem er in den Schriften des niederländischen Optikers Zacharias Janssen ein Teleskop beschrieben fand, baute er es nach, verbesserte das Prinzip und begann, den Himmel systematisch zu beobachten. Seine bedeutendste Entdeckung waren die vier Jupitermonde, deren Bewegung er genau dokumentierte. Leider bedeutete diese Entdeckung, dass das bis dahin geltende Weltbild nicht mehr mit den wissenschaftlich überprüften Beobachtungen übereinstimmte. Das ständige Wiederkehren der Planeten auf bestimmten, berechenbaren Bahnen ließ nur einen Schluss zu: Nicht die Erde ist der Mittelpunkt der Galaxis, sondern die Sonne.

Diese Erkenntnis passte nun der damals sehr mächtigen Kirche nicht, da damit ihr Monopol auf die Deutung der Welt in Frage gestellt wurde.

Deshalb wurde Galilei 1633 vor Gericht gestellt. Er wurde zu lebenslanger Haft verurteilt, die jedoch in Hausarrest umgewandelt wurde. Galilei musste sich zudem verpflichten, sich nicht mehr öffentlich über die Bewegung der Erde zu äußern. Dass solche Auflagen ernst zu nehmen waren, zeigten Prozesse, in denen Menschen, die sich gegen die Kirche stellten, wie der Philosoph Giordano Bruno, der u.a. auch (genau wie Galilei) das keplersche Weltbild vertrat, zum Tode verurteilt wurden.

Galilei wurde außerdem gezwungen, seinen Überzeugungen öffentlich abzuschwören: „Ich, Galileo Galilei, Sohn des Vincenzo Galilei aus Florenz, im Alter von siebzig Jahren persönlich vor Gericht erschienen und vor Euch, höchstverehrte Patres und ehrwürdigste Exzellenzen kniend, mit den heiligen Evangelien vor Augen, die ich nun mit Händen berühre, schwöre ich, jederzeit all das geglaubt zu haben, was die Hochheiligste Apostolische Kirche lehrt. Ich verfluche und verabscheue meine Irrtümer und schwöre, in Zukunft nie mehr, weder in Wort noch Schrift, solche Ketzereien zu behaupten."

Nachdem er diesen Schwur geleistet hatte, soll er im Gehen seine berühmten Worte „Und sie bewegt sich doch!" gemurmelt haben.

Galilei forschte noch auf verschiedenen Gebieten weiter, lehrte und veröffentlichte jedoch nicht mehr. 1642 starb er in Arcetri bei Florenz.

↗ Beschreibt Galileis Dilemma in eigenen Worten.

↗ Was, glaubt ihr, bedeutet es für einen Wissenschaftler wie Galilei, seine Forschungen nicht mehr veröffentlichen und lehren zu dürfen?

↗ Beschreibe weitere Beispiele für Wissenschaftler, deren Forschungen gegen geltende Paradigmen verstießen, z.B. David Hume oder Charles Darwin. Was befürchteten die Mächtigen, und wie haben sie auf die Erkenntnisse reagiert?

↗ Diskutiert in der Gruppe: Kann ein Fortschreiten der Wissenschaft durch solche Verbote aufgehalten werden?

Das Milgram-Experiment

Klassische Dilemmata

>> *Dieses psychologische Experiment wurde erstmals 1961 in New Haven durchgeführt. Es wurde von dem Psychologen **Stanley Milgram** entwickelt, um zu testen, ob Menschen Anweisungen auch dann Folge leisten, wenn sie in direktem Widerspruch zu ihrem Gewissen stehen.*

Für das Experiment benötigt man drei Teilnehmer. Zwei davon werden über den wahren Zweck des Experiments in Kenntnis gesetzt, einer bekommt nur gesagt, dass es um ein Experiment zur Untersuchung des Zusammenhangs von Bestrafung und Lernerfolg geht. Der Versuchsleiter (einer der Eingeweihten) zeigt den beiden anderen eine Art „elektrischen Stuhl", auf dem der Schüler (eingeweiht) Platz nimmt. Der andere Lehrer (echter Proband, der für seine Teilnahme eine Belohnung erhält) setzt sich an ein Pult, von dem aus er dem Schüler angeblich Stromstöße verabreichen kann.

Dem Schüler werden nun Aufgaben gestellt. Sollte er diese nicht erfüllen können, sollte der Lehrer dem Schüler einen Stromschlag verabreichen, der bei jedem weiteren Fehler um 15 Volt erhöht wird. Der Schüler erhält natürlich in Wirklichkeit keine Stromstöße, jedoch werden Verhaltensweisen abgesprochen, die er bei jeder höheren Einstellung an den Tag legen soll, von Stöhnen bei der Einstellung 300 Volt über Schmerzensschreie und Flehen bis zu Stille bei 450 Volt. Dem Lehrer sollte bewusst sein, dass dieser Wert lebensgefährlich sein könnte.

Sollte der Lehrer Zweifel an der Versuchsmethode äußern, sollte der Versuchsleiter autoritär darauf bestehen, dass das Experiment in jedem Fall bis zu Ende durchgeführt werden muss und er die Verantwortung für die Folgen übernehme. Auch hier gibt es eine Reihenfolge der Sätze, die ein Versuchsleiter benutzen sollte: „Bitte, fahren Sie fort!", „Das Experiment erfordert, dass Sie weitermachen!", „Sie müssen unbedingt weitermachen!", „Sie haben keine Wahl, Sie müssen weitermachen!"

Die Ergebnisse des Experiments waren erschreckend: Von 40 Probanden brachen das Experiment nur fünf Lehrer bei der ersten Schmerzäußerung des Schülers ab. 26 waren dagegen bereit, die Stromstöße bis zum Ende weiterzuführen. Wiederholungen des Experiments bestätigten im Wesentlichen diese ersten Ergebnisse.

> „Starre Autorität stand gegen die stärksten moralischen Grundsätze der Teilnehmer, andere Menschen nicht zu verletzen, und obwohl den Testpersonen die Schmerzensschreie der Opfer in den Ohren klingelten, gewann in der Mehrzahl der Fälle die Autorität."
>
> Stanley Milgram

➚ Diskutiert in der Gruppe: Warum haben die meisten Probanden das Experiment nicht abgebrochen?

➚ Könnt ihr euch vorstellen, in welchen realen Situationen Menschen ähnlich handeln?

Schiffbruch 1/2

Klassische Dilemmata

> Ein Dilemma wird tragisch, sobald es um eine Entscheidung auf Leben und Tod geht. Die bekannte Ballade von Annette von Droste-Hülshoff beschäftigt sich mit dem Thema.

Die Vergeltung

Der Kapitän steht an der Spiere,
Das Fernrohr in gebräunter Hand,
Dem schwarzgelockten Passagiere
Hat er den Rücken zugewandt.
Nach einem Wolkenstreif in Sinnen
Die beiden wie zwei Pfeiler sehn,
Der Fremde spricht: „Was braut da drinnen?"
„Der Teufel", brummt der Kapitän.

Da hebt von morschen Balkens Trümmer
Ein Kranker seine feuchte Stirn,
Des Äthers Blau, der See Geflimmer,
Ach, alles quält sein fiebernd Hirn!
Er lässt die Blicke, schwer und düster,
Entlängs dem harten Pfühle gehen,
Die eingegrabnen Worte liest er:
„Batavia. Fünfhundert Zehn."

Die Wolke steigt, zu Mittagsstunde
Das Schiff ächzt auf der Wellen Höhn,
Gezisch, Geheul aus wüstem Grunde,
Die Bohlen weichen mit Gestöhn.
„Jesus, Marie! Wir sind verloren!"
Vom Mast geschleudert der Matros,
Ein dumpfer Krach in aller Ohren,
Und langsam löst der Bau sich los.

Noch liegt der Kranke am Verdecke,
Um seinen Balken fest geklemmt,
Da kömmt die Flut, und eine Strecke
Wird er ins wüste Meer geschwemmt.
Was nicht geläng' der Kräfte Sporne,
Das leistet ihm der starre Krampf,
Und wie ein Narwal mit dem Horne
Schießt fort er durch der Wellen Dampf.

Annette von Droste-Hülshoff
Foto: © www.wikipedia.de

Schiffbruch 2/2

Klassische Dilemmata

Wie lange so? er weiß es nimmer,
Dann trifft ein Strahl des Auges Ball,
Und langsam schwimmt er mit der Trümmer
Auf ödem glitzerndem Kristall.
Das Schiff! – die Mannschaft! – sie versanken.
Doch nein, dort auf der Wasserbahn,
Dort sieht den Passagier er schwanken
In einer Kiste morschem Kahn.

Armsel'ge Lade! Sie wird sinken,
Er strengt die heisre Stimme an;
„Nur grade! Freund, du drückst zur Linken!"
Und immer näher schwankt's heran.
Und immer näher treibt die Trümmer,
Wie ein verwehtes Möwennest;
„Courage!" ruft der kranke Schwimmer,
„Mich dünkt, ich sehe Land im West!"

Nun rühren sich der Fähren Ende,
Er sieht des fremden Augen Blitz,
Da plötzlich fühlt er starke Hände,
Fühlt wütend sich gezerrt vom Sitz.
„Barmherzigkeit! Ich kann nicht kämpfen."
Er klammert dort, er klemmt sich hier;
Ein heisrer Schrei, den Wellen dämpfen,
Am Balken schwimmt der Passagier.

Dann hat er kräftig sich geschwungen,
Und schaukelt durch das öde Blau,
Er sieht das Land wie Dämmerungen
Enttauchen und zergehn in Grau.
Noch lange ist er so geschwommen,
Umflattert von der Möwe Schrei,
Dann hat das Schiff ihn aufgenommen,
Victoria! Nun ist er frei!

Annette von Droste-Hülshoff

➚ Erzähle die Geschichte in eigenen Worten nach.

➚ Diskutiert in der Gruppe: Hat der Passagier die richtige Entscheidung getroffen? Könnte er für seine Tat zur Rechenschaft gezogen werden?

➚ Im zweiten Teil der Ballade wird von der Vergeltung berichtet, nach der der gesamte Text benannt ist. Schreibe eine Fortsetzung der Ballade, in der der Passagier das bekommt, was er verdient hat. Schlage dann das Gedicht in einer Gedichtsammlung nach: Hättest du das Ende erwartet?

Abraham

Klassische Dilemmata

> *Auch in der Bibel gibt es Geschichten, die von Dilemmata berichten.*

Nach diesen Ereignissen stellte Gott **Abraham** auf die Probe. Er sprach zu ihm: Abraham! Er antwortete: Hier bin ich. Gott sprach: Nimm deinen Sohn, deinen einzigen, den du liebst, Isaak, geh in das Land Morija, und bring ihn dort auf einem der Berge, den ich dir nenne, als Brandopfer dar.

[...]

Abraham nahm das Holz für das Brandopfer und lud es seinem Sohn Isaak auf. Er selbst nahm das Feuer und das Messer in die Hand. So gingen beide miteinander.

Nach einer Weile sagte Isaak zu seinem Vater Abraham: Vater! Er antwortete: Ja, mein Sohn! Dann sagte Isaak: Hier ist Feuer und Holz. Wo aber ist das Lamm für das Brandopfer? Abraham entgegnete: Gott wird sich das Opferlamm aussuchen, mein Sohn. Und beide gingen miteinander weiter. Als sie an den Ort kamen, den ihm Gott genannt hatte, baute Abraham den Altar, schichtete das Holz auf, fesselte seinen Sohn Isaak und legte ihn auf den Altar, oben auf das Holz. Schon streckte Abraham seine Hand aus und nahm das Messer, um seinen Sohn zu schlachten.

Da rief ihm der Engel des Herrn vom Himmel her zu: Abraham, Abraham! Er antwortete: Hier bin ich. Jener sprach: Streck deine Hand nicht gegen den Knaben aus, und tu ihm nichts zu Leide! Denn jetzt weiß ich, dass du Gott fürchtest; du hast mir deinen einzigen Sohn nicht vorenthalten. Als Abraham aufschaute, sah er: Ein Widder hatte sich hinter ihm mit seinen Hörnern im Gestrüpp verfangen. Abraham ging hin, nahm den Widder und brachte ihn statt seines Sohnes als Brandopfer dar.

Abraham nannte jenen Ort Jahwe-Jire (Der Herr sieht), wie man noch heute sagt: Auf dem Berg lässt sich der Herr sehen. Der Engel des Herrn rief Abraham zum zweiten Mal vom Himmel her zu und sprach: Ich habe bei mir geschworen – Spruch des Herrn: Weil du das getan hast und deinen einzigen Sohn mir nicht vorenthalten hast, will ich dir Segen schenken in Fülle und deine Nachkommen zahlreich machen wie die Sterne am Himmel und den Sand am Meeresstrand. Deine Nachkommen sollen das Tor ihrer Feinde einnehmen.

Segnen sollen sich mit deinen Nachkommen alle Völker der Erde, weil du auf meine Stimme gehört hast.

Darauf kehrte Abraham zu seinen Jungknechten zurück. Sie machten sich auf und gingen miteinander nach Beerscheba. Abraham blieb in Beerscheba wohnen.

Quelle: Einheitsübersetzung der Heiligen Schrift. Die Bibel. Gesamtausgabe, 1. Buch Mose, Abschnitt 22.

↗ Schreibe einen inneren Monolog Abrahams, in dem er seine Gedanken und Gefühle darstellt, als er erfährt, dass er seinen Sohn opfern soll und als er von Gottes Belohnung erfährt.

↗ Ist die beschriebene Situation überhaupt ein Dilemma? Muss man nicht in jedem Fall den Anordnungen Gottes folgen?

↗ Was hältst du von einem Gott, der seine Gläubigen vor eine solche Wahl stellt?

Ödipus

Klassische Dilemmata

>> *Ödipus ist eine Gestalt aus der griechischen Mythologie. Die Tragödie der Geschichte wird durch ein Dilemma, in dem sich seine Eltern befinden, ausgelöst.*

Laios, der König von Theben, war schon lange Jahre mit seiner Frau **Iokaste** verheiratet. Zu ihrer beider Kummer bekamen sie jedoch keine Kinder. Laios pilgerte deshalb nach Delphi, um das Orakel zu befragen, was sie gegen ihre Kinderlosigkeit unternehmen könnten. Das Orakel prophezeite ihm: „Laios, dir wird innerhalb der nächsten Jahre ein Sohn geboren werden. Doch wisse: Dir ist es bestimmt, von der Hand deines Sohnes zu sterben."

Laios glaubte dem Orakel und lebte lange Zeit von seiner Gattin getrennt. Aber schließlich wurde die Sehnsucht der beiden zu groß: Sie kamen wieder zusammen, und Iokaste gebar ihrem Mann einen Sohn. Kurz nachdem er zur Welt gekommen war, erinnerten sie sich an den Spruch des Orakels.

Um die Prophezeiung nicht zur Realität werden zu lassen, beschlossen sie, das Kind im Gebirge auszusetzen. Der Hirte jedoch, der diesen grausamen Auftrag ausführen sollte, hatte Mitleid mit dem Jungen. Er übergab ihn einem anderen Hirten, der das Kind mit in das Nachbarland nahm und dort seinem Herrn, dem König Polybos, übergab. Dieser zog ihn zusammen mit seiner Frau wie sein eigenes Kind auf. Der Hirte ging zurück zu Laios und Iokaste und erzählte ihnen, er habe den Auftrag ausgeführt. Die beiden nahmen an, dass das Kind verhungert sei oder von wilden Tieren zerrissen worden war. Sie beruhigten ihr Gewissen damit, dass sie ihren Sohn von einem Vatermord abgehalten hatten.

Ödipus, so wurde der Junge getauft, wuchs in dem Glauben auf, dass er Polybos' Sohn sei. Auf einem Fest, bei dem viel getrunken wurde, erfuhr er von einem der Männer seines Adoptivvaters die Wahrheit. Ödipus war wie vor den Kopf gestoßen und wollte nicht glauben, was ihm gesagt worden war. Um Sicherheit zu erlangen, suchte er heimlich das Orakel von Delphi auf, um es nach seiner Herkunft zu fragen. Das Orakel gab ihm keine Antwort auf seine Frage, sondern verstärkte sein Unglück noch durch seine Voraussage: „Ödipus, du wirst deinen Vater ermorden und deine Mutter heiraten."

Ödipus kehrte nicht nach Hause zurück, um seinem geliebten Vater kein Leid anzutun, er wandte sich nach Theben.

Ödipus und Sphinx; Gemälde v. Gustave Moreaus
Foto: © www.wikipedia.de

Auf dem Weg dorthin geriet er durch sein aufbrausendes Wesen in Streit mit einer Gruppe Reisender. In dem folgenden Handgemenge erschlug er einen älteren Mann. In Theben angekommen erfuhr er von einem Ungeheuer, der Sphinx, das die Stadt bedrohte. Er besiegte es und durfte als Belohnung die Witwe des jüngst verstorbenen Königs heiraten.

Wie sich erst Jahre später herausstellte, handelte es sich bei dem Mann, den er erschlagen hatte, um seinen Vater Laios und bei der Witwe um seine Mutter Iokaste. So erfüllte sich das Schicksal des Ödipus, wie ihm geweissagt war.

➤ Glaubt ihr daran, dass alles im Leben vom Schicksal vorherbestimmt ist?

➤ Was bedeutet das für die Entscheidung bei Dilemmata?

Romeo und Julia 1/2

Klassische Dilemmata

> Wenn man sich das wohl berühmteste Liebespaar aller Zeiten einmal genauer ansieht, erkennt man bald, dass die Geschichte wohl nur deshalb so tragisch endet, weil das Paar von einem Dilemma in das nächste stolpert.

Alles beginnt eigentlich ganz harmlos: **Romeo** begegnet **Julia** in Verona auf einem Ball. Die beiden verlieben sich bis über beide Ohren ineinander. Leider gehören die beiden Familien an, die sich ewige Feindschaft geschworen haben.

Sowohl Romeo als auch Julia müssen sich entscheiden: Entweder müssen sie der Liebe oder der Familie entsagen. Die Entscheidung fällt, als Romeo sich nach dem Fest in den Garten von Julias Eltern schleicht.

Romeo: Horch! Sie spricht.
O, sprich noch einmal, holder Engel!
Denn über meinem Haupt erscheinest du
Der Nacht so glorreich, wie ein Flügelbote
Des Himmels dem erstaunten, über sich
Gekehrten Aug' der Menschensöhne, die
Sich rücklings werfen, um ihm nachzuschaun,
Wenn er dahinfährt auf den trägen Wolken,
Und auf der Luft gewölbtem Busen schwebt.

Julia: O Romeo! warum denn Romeo?
Verleugne deinen Vater, deinen Namen!
Willst du das nicht, schwör' dich zu meinem Liebsten,
Und ich bin länger keine Capulet!

Romeo (für sich): Hör' ich noch länger, oder soll ich reden?

Julia: Dein Nam' ist nur mein Feind. Du bliebst du selbst,
Und wärst du auch kein Montague. Was ist
Denn Montague? Es ist nicht Hand nicht Fuß,
Nicht Arm noch Antlitz. O, sei andern Namens!
Was ist ein Name? Was uns Rose heißt,
Wie es auch hieße, würde lieblich duften;
So Romeo, wenn er auch anders hieße,
Er würde doch den köstlichen Gehalt
Bewahren, welcher sein ist ohne Titel.
O Romeo, leg' deinen Namen ab,
Und für den Namen, der dein Selbst nicht ist,
Nimm meines ganz!

Romeo (indem er näher hinzutritt): Ich nehme dich beim Wort.
Nenn' Liebster mich, so bin ich neu getauft,
Und will hinfort nicht Romeo mehr sein."

Quelle:
William Shakespeare.
Romeo und Julia,
2 Aufzug, 2. Szene

Romeo und Julia 2/2

Klassische Dilemmata

▶ Sie beschließen, sich so schnell wie möglich von einem befreundeten Mönch trauen zu lassen. Nach der heimlichen Blitzhochzeit geschieht jedoch das zweite Unglück: Bei einem erneuten Streit zwischen den verfeindeten Familien ersticht Romeo Julias Cousin und muss sich entscheiden, aus Verona zu fliehen oder die Strafe auf sich zu nehmen. Nach seiner Flucht soll Julia verheiratet werden. Sie weiß nicht, was sie tun soll: Ihren Eltern die Hochzeit mit Romeo beichten und die Folgen auf sich nehmen oder eine unrechtmäßige Ehe mit einem ungeliebten Mann eingehen? Der Mönch weiß einen Ausweg: Er gibt Julia einen Schlaftrunk, mit dem sie wie tot aussieht.

Nach der „Bestattung" soll sie zu Romeo fliehen. Doch dieser erhält nur die Nachricht von ihrem Tod, der Brief des Mönches, der den Fluchtplan enthält, erreicht ihn nicht.

Er eilt zu Julias Grab und steht nun vor der Wahl: Ohne Julia leben oder ihr in den Tod folgen? Er entscheidet sich für den Tod. Als Julia aus der Bewusstlosigkeit erwacht, sieht sie den toten Romeo neben sich liegen. Auch sie muss nun eine Entscheidung treffen. Auch sie tötet sich. Die Eltern und der Herrscher finden das Paar tot auf und reichen sich nun im Angesicht der Tragödie die Hände zur Versöhnung.

> *Prinz: Nur düstern Frieden bringt uns dieser Morgen;*
> *Die Sonne scheint, verhüllt vor Weh, zuweilen.*
> *Kommt, offenbar mir ferner, was verborgen:*
> *Ich will dann strafen, oder Gnad' erteilen;*
> *Denn niemals gab es ein so herbes Los,*
> *Als Juliens und ihres Romeos.*

Quelle:
William Shakespeare.
Romeo und Julia,
5. Aufzug, 3. Szene

↗ Erzähle in eigenen Worten, in welchen Dilemmasituationen Romeo und Julia Entscheidungen treffen müssen.

↗ Tauscht euch über eure Erfahrungen aus: Welche Dilemmata treten in Liebesbeziehungen besonders häufig auf?

↗ Schreibt eine Szene wie die obige zu einem Liebes-Dilemma.

Zum Weiterarbeiten
Schaut den Film „William Shakespeare's Romeo und Julia" von Baz Luhrmann an. Gefällt euch die Umsetzung?

Das Gefangenendilemma

Klassische Dilemmata

> Das Gefangenendilemma ist eigentlich eine Strategie aus der Spieltheorie. In den 1950er-Jahren wurde es auf die Interaktion von Personen angewendet. Es zeigt, wie Entscheidungen gefällt werden, bei denen das Ergebnis von mehreren Beteiligten (und nicht nur von einem) abhängt.

Erik und **Christian** haben gestern auf einer Fete bei ihrem Klassenkameraden den Mund etwas voll genommen: Um bei ihren weiblichen Klassenkameraden etwas besser anzukommen, haben sie damit angegeben, dass sie in jedes Haus kommen können, ohne dass es jemand merkt, z.B. in die Schule. Das glaubt ihnen allerdings keiner. Also wollen sie es den anderen beweisen: Sie werden am nächsten Abend den Biologieraum „besuchen" und das Skelett mitgehen lassen.

Gesagt – getan: Am nächsten Nachmittag schleichen sie sich in die Schule und lassen sich einschließen. Leider geht ihr Plan dann gründlich schief: Bei der Suche nach dem Skelett stößt Christian gegen den Wagen mit dem OHP, der krachend gegen einen Glasschrank donnert. In der Nachbarklasse findet eine Konferenz statt, und plötzlich stehen mehrere Personen im Biologieraum. Sie können gerade noch durch ein Fenster entkommen.

Am nächsten Tag werden sie zum Direktor gerufen. Zunächst spricht er mit Erik. „Erik, ich will nicht lange um den heißen Brei herumreden. Gestern Abend ist im Biologieraum eingebrochen worden. Es ist ein erheblicher Schaden entstanden. Christian und du, ihr wurdet gesehen.

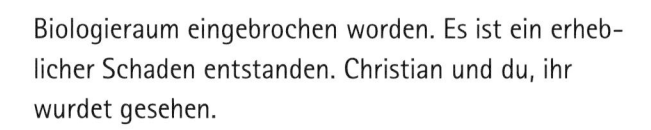

Am besten ist es, du sagst mir sofort die Wahrheit: Wenn du zugibst, dass du gestern Abend dabei warst, kommst du mit einem schriftlichen Verweis davon, wenn du den Schaden ersetzt. Aber wahrscheinlich überlegst du dir jetzt, dass es gut möglich ist, dass niemand Christian und dich erkannt hat und du besser den Mund halten solltest. Tja, wenn ihr beide nicht redet, reichen die Beweise wohl nicht aus. Allerdings solltest du dabei bedenken: Gesteht Christian, dass ihr beide gestern Abend in der Schule wart, und du hast nichts gesagt, dann werde ich dafür sorgen, dass du von der Schule verwiesen wirst. Denke in der nächsten Viertelstunde in Ruhe darüber nach."

Er setzt Erik in ein leeres Klassenzimmer. Dann holt er Christian zu sich, erläutert ihm die Sachlage und setzt ihn ebenfalls zum Nachdenken in einen leeren Raum. Nach der vereinbarten Zeit geht er zunächst zu Erik und dann zu Christian, um die Antworten der beiden einzuholen.

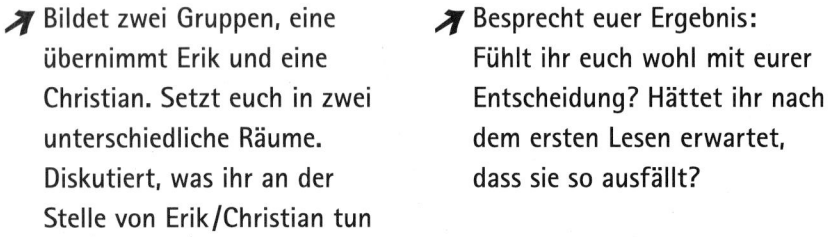

- Bildet zwei Gruppen, eine übernimmt Erik und eine Christian. Setzt euch in zwei unterschiedliche Räume. Diskutiert, was ihr an der Stelle von Erik/Christian tun würdet. Nach einer Viertelstunde müsst ihr eine Entscheidung gefällt haben. Setzt euch dann wieder zusammen, und erklärt, ob ihr euch für das Aussagen oder das Schweigen entschieden habt, und warum.

- Besprecht euer Ergebnis: Fühlt ihr euch wohl mit eurer Entscheidung? Hättet ihr nach dem ersten Lesen erwartet, dass sie so ausfällt?

- Was unterscheidet eine Entscheidung, die ich nur für mich selbst treffe, von einer, bei der ich auf das Verhalten einer anderen Person angewiesen bin?

Theodizee

Klassische Dilemmata

>> Der Begriff „Theodizee" stammt aus dem Griechischen von theos = Gott und dike = Recht. Es ist ein Problem, das schon in der Antike aufgeworfen wurde und seitdem in der Theologie immer wieder diskutiert wird, da es ein zentrales Dilemma des (christlichen) Glaubens aufwirft.

Porträt von Gottfried Wilhelm Leibniz
Foto: © www.wikipedia.de

Georg ist ein einigermaßen gläubiger Mensch: Er ist vor zwei Jahren konfirmiert worden und geht manchmal in den christlichen Jugendtreff, weil das ein guter Ort ist, wo man sich mit seinen Freunden treffen kann. Zu Weihnachten besucht er mit seinen Eltern den Gottesdienst.

Im Lateinunterricht bespricht er gerade mit seiner Klasse die römische Philosophie. Für ein Referat sichtet er in der Schulbibliothek verschiedene Bücher über die Skeptiker, dabei stolpert er über einen kurzen Text:

> Entweder will Gott die Übel beseitigen und kann es nicht:
> Dann ist Gott schwach, was auf ihn nicht zutrifft,
> Oder er kann es und will es nicht:
> Dann ist Gott missgünstig, was ihm fremd ist,
> Oder er will es nicht und kann es nicht:
> Dann ist er schwach und missgünstig zugleich, also nicht Gott,
> Oder er will es und kann es, was allein für Gott ziemt:
> Woher kommen dann die Übel, und warum nimmt er sie nicht hinweg?

Georg ist verwirrt, so hat er noch nie über seine Religion nachgedacht. Doch wie kann er sich einen Gott vorstellen, der Böses einfach zulässt? Oder ist Gott doch nicht allmächtig?

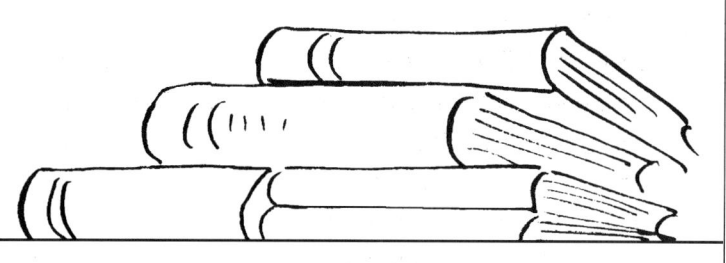

↗ Gib den Text des römischen Skeptikers in eigenen Worten wieder. Was hältst du von dieser Argumentation?

↗ Führen solche Überlegungen dazu, dass die Religion weniger glaubwürdig wird? Welche positiven Aspekte könnten dagegen sprechen?

↗ Informiere dich in Lexika oder im Internet über den Philosophen Gottfried Wilhelm Leibniz. Wie hat dieser versucht, das Problem anzugehen. Findest du seine Lösung nachvollziehbar?

Dilemmageschichten mit Arbeitsanregungen für Jugendliche

Links und Literaturtipps

Literatur

Brokemper, Peter:
Glück. Ein Projektbuch.
Hintergründe, Perspektiven, Denkanstöße.
Verlag an der Ruhr, 2009.
ISBN 978-3-8346-0510-8

Cohen, Martin:
99 moralische Zwickmühlen.
Eine unterhaltsame Einführung in die Philosophie des richtigen Handelns.
Pieper, 2005.
ISBN 978-3-492-24515-9

Cohen, Martin:
99 philosophische Rätsel.
Pieper, 2006.
ISBN 978-3-492-23956-1

Collmar, Lars:
Das seh' ich aber ganz anders!
Geschichten aus zwei Perspektiven: Den eigenen Urteilen auf die Schliche kommen.
Verlag an der Ruhr, 2007.
ISBN 978-3-8346-0164-3

Gaarder, Jostein:
Sofies Welt.
Roman über die Geschichte der Philosophie.
dtv, 2007.
ISBN 978-3-423-12555-0

George, Alexander (Hrsg.):
Was ist das Gegenteil von einem Löwen?
Philosophen von heute beantworten außergewöhnliche Fragen.
Heyne, 2007.
ISBN 978-3-453-12119-5

Irwin, William u.a. (Hrsg.):
Die Simpsons und die Philosophie.
Schlauer werden mit der berühmtesten Fernsehfamilie der Welt.
Tropen, 2007.
ISBN 978-3-608-50097-4

Kauter, Leo:
Vom Lügen, Betrügen und der Moral.
Materialien und Projekte.
Verlag an der Ruhr, 2003.
ISBN 978-3-86072-773-7

Keene, Michael:
Was Weltreligionen zu ethischen Grundfragen sagen.
Antworten von Christen, Juden und Muslimen. Verlag an der Ruhr, 2007. ISBN 978-3-8346-0080-6

Keene, Michael:
Was Weltreligionen zu Alltagsthemen sagen.
Aktuelle Probleme aus der Sicht von Christen, Juden und Muslimen.
Verlag an der Ruhr, 2005.
ISBN 978-3-86072-989-2

Kerner, Charlotte:
Blueprint – Blaupause.
Beltz, 2008. ISBN 978-3-407-74102-8

Schüppel, Katrin:
Kann ICH die Welt retten?
Verantwortungsvoll leben – clever konsumieren.
Verlag an der Ruhr, 2009.
ISBN 978-3-8346-0452-1

White, David A.:
Mit Philosophie Fragen des Alltags klären.
Beispielhafte Antworten von Aristoteles bis Wittgenstein. Ein Arbeitsbuch für Jugendliche.
Verlag an der Ruhr, 2008.
ISBN 978-3-8346-0387-6

Links

- www.learnline.schulministerium.nrw.de/app/suche_learnline/
Seite des Schulministeriums NRW auf der man einfach nach Unterrichtsmaterialien, wie Arbeitsblättern, Unterrichtsreihen, Radio- und Fernsehberichten usw. zum Thema Philosophie/Ethik suchen kann und viele gute Ergebnisse von den unterschiedlichsten Anbietern erhält.

- http://arbeitsblaetter.stangl-taller.at/MORALISCHEENTWICKLUNG/KohlbergDilemmata.shtml
Auf dieser Seite findet man Beispieldilemmata mit Lösungsvorschlägen.

- www.bpb.de/publikationen/IAGR9I,0,Urteil_und_Dilemma.html
Unterrichtsmaterial der Bundeszentrale für politische Bildung zum Thema „Urteil und Dilemma".

- www.schule-bw.de/unterricht/faecher/biologie/medik/meth/dilemma/index_html
Auf dieser Seite des Landesbildungsservers Baden-Württembergs wird die Methode der moralischen Dilemma-Diskussion ausführlich mit Beispielen vorgestellt.